基于"两会"交传语料库的明示话语研究

张易凡 著

A Corpus-based Study on Ostensive Discourse: Taking NPC&CPPCC Consecutive Interpreting as an Example

武汉大学出版社
WUHAN UNIVERSITY PRESS

图书在版编目(CIP)数据

基于"两会"交传语料库的明示话语研究/张易凡著.—武汉:武汉大学出版社,2020.12(2022.4重印)
ISBN 978-7-307-21963-2

Ⅰ.基…　Ⅱ.张…　Ⅲ.英语—口译—语料库—研究　Ⅳ.H315.9

中国版本图书馆 CIP 数据核字(2020)第 234972 号

责任编辑:罗晓华　　　责任校对:汪欣怡　　　版式设计:韩闻锦

出版发行:武汉大学出版社　(430072　武昌　珞珈山)
（电子邮箱:cbs22@whu.edu.cn　网址:www.wdp.com.cn）
印刷:武汉邮科印务有限公司
开本:720×1000　1/16　印张:11.25　字数:167 千字　插页:1
版次:2020 年 12 月第 1 版　2022 年 4 月第 2 次印刷
ISBN 978-7-307-21963-2　　定价:32.00 元

版权所有,不得翻印;凡购我社的图书,如有质量问题,请与当地图书销售部门联系调换。

前　言

　　21世纪以来，随着全球一体化进程的加深以及国际间交流合作的日益增多，我国与国外各个领域间的对话与互动也日益频繁。作为消除语言和文化障碍的直接翻译形式，口译在我国的对外交流活动中扮演着越来越重要的角色。然而，作为一种跨文化交际的交流方式，口译涉及多种能力，包括双语能力、跨文化交际能力、认知能力、记忆力、笔记能力、双语转化能力以及公共演讲能力等，加上口译受时间限制，英汉语言和文化的巨大差异、现场翻译的压力，对口译员都提出了很高的要求和很大的挑战。口译过程中如何短时间内跨越文化的鸿沟，一直都是学术界研究的重点。而了解和实现原文的"言外之意"即语用功能，则是跨越文化鸿沟的关键。

　　纵观近几十年口译研究以及语用功能研究，国内外学者虽然明确了口译与语用学的紧密联系，但很少关注到口译中的语用功能。现存的少数研究中也存在研究方法较为主观、语料不真实、缺乏系统性等问题。由此，本研究选择了近年来在 CNKI 数据库中语用功能研究最热门的3种语言要素，分别为讲话者使用的中国特色词、隐喻与语气助词，口译员使用的话语标记语和模糊语，以及讲话者与口译员均使用的情态动词、人称指示语和转述动词。基于1998年至2014年的"两会"总理记者招待会汉英口译语料库（其中第六章第三节转述动词部分选用语料来源于2002年至2016年的"两会"总理记者招待会），分析中文源语和英文译语中明示话语的语用功能。根据关联理论，明示话语是讲话者在交际中下意识使用从而增强交际效果的词语，也是跨文化交际的重要工具，并且在原文和译文中都有出现。本书拟通过词频、构词法等数据分析，结合前人对语言要素的语用功能总结以及本语料库政治语篇的特殊性，总结出各个语言要素在源语或译文中的语用功能，然后根据各个语言要素的译文，分析出各类明示话语的口译策略或显化策略。

本书的研究思路和架构包括以下几个方面：（1）介绍本研究的现实意义和理论意义，通过对口译中的明示话语、国内外语用功能研究以及语用学视角下的口译研究回顾，分析现有研究不足并提出研究问题。（2）通过分析中国特色词汇的构词法，结合其语用功能，总结其口译策略。（3）分析隐喻在语料库中的语用功能，探索通过何等方式能够让隐喻在原文中的语用功能得到最大保留。（4）采取删词对比法以及数据统计法，揭示语气助词在中文源语中的语用功能。（5）对口译员增译出的英文话语标记语进行成因分析，呈现其所展示的语用功能。（6）借助对已显化的模糊语在语料库中的分布比例研究，对其语用功能及实现方式进行探索。（7）考察英汉人称指示语在语料库中的频率及语用功能，给出人称指示语在汉英口译中的策略。（8）结合情态动词"价值"理论以及汉语助动词和英文情态动词的译文原文对比，归纳出情态动词在口译过程中量值的变化和增译规律。（9）通过对比积极、消极及中性转述动词的差异，找出其语用功能，并总结其口译规律。（10）总结研究结论，反思研究局限，展望研究前景。

本书的研究结论对于探索口译理解过程中源语语义理解范式，遵循口译信息处理时语用对等原则，契合口译输出时的会话合作原则，总结口译实践当中语言使用的语用策略，对建立口译技巧与语用相结合的教学模式，培养学生的理解、语言转换与表达等能力均有一定的参考价值。但是本研究中采用的语料尚有一定局限性，今后研究可以结合更普遍、规模更大的语料库进行更具深度和广度的研究，进一步对本研究结果进行论证和丰富，也可以通过例如停顿标注以及访谈、问卷等方式对语用功能以及口译员心理状态做更深入的了解，以获得更客观、更全面的评价。

目 录

第一章 绪论 ……………………………………………………… 1
 第一节 研究背景 …………………………………………… 1
 第二节 研究意义及创新点 ………………………………… 2
 第三节 本书架构 …………………………………………… 5

第二章 文献综述 ………………………………………………… 7
 第一节 明示话语研究 ……………………………………… 7
  一、明示话语的定义及其内涵 …………………………… 9
  二、言语交际中的明示话语 ……………………………… 12
  三、口译中的明示话语研究 ……………………………… 13
 第二节 国内外语用功能相关研究 ………………………… 15
  一、语用功能研究趋势 …………………………………… 16
  二、语用功能研究方法与语料来源 ……………………… 17
  三、语用功能研究对象 …………………………………… 19
  四、语用功能研究存在的不足及未来研究方向 ………… 23
 第三节 语用学视角下的口译研究 ………………………… 24
  一、语用学与口译的联系 ………………………………… 24
  二、基于关联理论的口译研究 …………………………… 26
  三、口译中的语用失误 …………………………………… 29
  四、口译中的语用功能 …………………………………… 30
 第四节 现有研究存在的不足及缺陷 ……………………… 31

目 录

第三章 研究设计 … 33
第一节 语料来源与研究内容挑选途径 … 33
一、语料来源 … 33
二、研究内容挑选途径 … 34
第二节 研究方法 … 36
第三节 研究问题 … 37

第四章 讲话者使用明示话语的语用功能与口译策略 … 39
第一节 中国特色词汇 … 39
一、中国特色词汇的构词特征与频率 … 40
二、中国特色词汇语用功能 … 42
三、中国特色词汇口译策略 … 46
第二节 隐喻 … 52
一、隐喻的定义及相关研究 … 52
二、隐喻的语用功能 … 53
三、隐喻的口译策略分析 … 59
第三节 语气助词 … 66
一、现有研究分歧综述 … 66
二、研究步骤与说明 … 68
三、语气助词语用功能 … 69
四、语气助词的口译策略 … 77
第四节 本章小结 … 80

第五章 口译员使用明示话语的语用功能与口译策略 … 82
第一节 话语标记语 … 82
一、话语标记语相关研究 … 82
二、数据分析 … 84
三、话语标记语的语用功能分析 … 85

四、话语标记语的显化策略……………………………… 95
  第二节 模糊语……………………………………………… 98
   一、模糊语的分类与语用功能…………………………… 99
   二、研究设计……………………………………………… 101
   三、数据分析……………………………………………… 101
   四、汉英交传显化而出模糊语的语用功能及显化策略……… 104
  第三节 本章小结…………………………………………… 111

第六章 讲话者与口译员均使用的明示话语的语用功能与口译策略…… 112

  第一节 情态动词…………………………………………… 112
   一、情态动词与助动词的量值…………………………… 113
   二、研究设计……………………………………………… 114
   三、数据分析……………………………………………… 115
   四、情态动词的语用功能………………………………… 117
   五、情态动词的口译策略………………………………… 120
  第二节 人称指示语………………………………………… 126
   一、人称指示语笔译与口译相关研究…………………… 126
   二、研究问题及步骤……………………………………… 128
   三、人称指示语的语用功能……………………………… 128
   四、人称指示语的口译策略……………………………… 134
  第三节 转述动词…………………………………………… 141
   一、转述动词相关研究…………………………………… 142
   二、研究方法……………………………………………… 145
   三、转述动词的语用功能………………………………… 147
   四、转述动词的口译策略………………………………… 151
  第四节 本章小结…………………………………………… 155

第七章　总结 ··· 157
　第一节　研究结论 ··· 157
　第二节　研究不足与展望 ··· 159

参考文献 ··· 160

第一章 绪 论

第一节 研究背景

改革开放以来，随着中国"引进来"与"走出去"政策的逐渐深化以及全球一体化进程的日益加深，我国参与政治、文化、经济等领域的交流、对话与互动也越来越频繁。由于口译活动能够直接消除不同文化、语言背景人群间交流沟通的障碍，所以被认为是翻译活动的直接形式（Pöchhacker，2004：25）。正因为如此，在各种正式与非正式的对外活动中，口译发挥着越来越重要的作用。

然而口译绝不仅仅是简单的两种语言间的转换活动，其过程涉及语言能力、信息记忆、认知以及译出语表达等众多技能。由于在口译过程中口译员需要同时处理源语理解、记忆、转化以及译语表达等任务，背负着巨大的认知负荷，加上受到口译过程中诸如工作环境（如器材、声音效果、译员视野）、讲话者的发言方式和语速等因素的影响，以及英汉两种语言及其文化上的巨大差异，导致在许多情况之下，口译的效果不尽如人意，所以如何在较大的认知负荷下，在短时间内将两种差异很大的语言，如英语和汉语，进行得体、贴切的相互转换，成了摆在众多口译员面前的一道难题。

口译的过程涉及三方人员：讲话者、译员和听众。译员首先需要理解讲话者的语义并领会其意图，在这个过程中，交际所采取的语言是讲话者所采取的源语（又称 A 语言）。所以源语理解阶段的交际中，所涉及的交际者、语言和语境是源语语言。译员理解之后，需要将原文的意义用目标语(又称 B 语言)明示给听众。所以在目标语生成的交际中，所涉及的交际者、语言和语境则是目标语语言。在这样一个动态的话语理解—生成的过程中，口译员如何迅速地在两种语言的语境下做出切换，也是其面临的一大挑战。

作为一种跨文化交际活动，口译除了涉及对语言本身的理解与表达之外，还与语境、交际环境与背景、交际目的以及交际双方的情况(如背景知识、认知水平与社会地位)等息息相关。所以"不论是狭义的语用观，认为语用学研究涉及语言的使用与理解，比如指示语、言语行为、前提、语用推理与意义；还是广义的语用观，主张从认知、社交和文化等视角关注语言选择与理解以及人际交往"(冉永平，2005)，都是有效分析口译这种跨文化交际过程的有力工具。

为了给口译这种动态的话语理解—生成过程提供更好的话语理解和话语生成的指导，并对这种跨文化交际活动给出更好的跨越文化鸿沟的方式，以便不同语境与交际背景的人们更好地交流，本研究拟通过语料库的方式结合关联理论，对汉英口译过程中的源语及译文中的明示话语进行语用功能分析，并基于语用对等的原则，归纳和总结出口译员在口译过程中所采取的口译和语用策略。

第二节　研究意义及创新点

在全球日益一体化的背景之下，中国的国际话语权不断扩大，对外政治、经济、文化等领域的交流日益频繁，对口译服务的需求不断增加，所涉领域不断拓宽。但是，就目前状况而言，我国口译相关研究起步较晚，滞后的方面较多，无论是口译员的整体素质、相关研究的产出，还是理论的建构等均有较大提升空间。

口译作为一种跨文化交际活动，所涉及的领域很广。其中，相当部分领域中的概念、词语或表达中存在着中英两种语言背景下的文化不对等。如何在有较大时间压力的情况下将源语中出现的具有文化特色的词汇以及各种修辞方式以贴切、准确且易于接受的方式翻译成目标语，除了口译员本身需具备较强的双语能力之外,还应具有很强的双文化水平和跨文化意识。正如 Nida(2001:82)所说,"对于成功的翻译来说,双文化水平比双语言水平更重要""翻译中大部分重要的错误是由于对其他文化的观点和价值的无知造成的"。

口译活动中出现的文化差异应通过何种方式进行弥补和解释,源于文化差异所造成的交际失败是如何导致的? Thomas(1983)提出,在交际过程中,若讲话者没有按照标准语法编码模式去进行话语生成,会被认为是"说得不好"(speaking badly);但若在交际过程中没有遵循语用原则,就会被认为是"表现不好"(behaving badly),从而直接导致跨文化交际的失败。所以从某种程度上讲,相比语义失误,语用失误更有可能使得交际行为中断或失败,或者使语言交际遇到障碍,导致交际不能取得预期效果或圆满的效果。(何自然,1997:205)

综上所述,对口译过程中的话语——口译源语及译文的语用功能进行研究,可以有效地避免语用失误的发生,从而弥补和解释两种语言之间的文化差异。与此同时,本研究在口译理论角度、口译实践角度、语用功能研究和研究方法上都有不同程度的创新:

第一,从口译理论角度来看,现有的口译理论把重点放在解读口译过程上,正如 Pochhacker(2004)提出的,口译过程研究是口译研究的"超级模因",根据其总结,口译过程研究主要从释意、认知处理、话语互动、翻译理论和神经语言学等角度对口译过程进行分析,尝试了解口译过程中口译活动的主体——口译员自身的神经、认知和思维活动过程,或是分析口译过程中的言外因素,如认知因素或社会与文化因素等。但目前从语用学的角度对口译的系统研究很少,甚至放眼整个翻译研究领域,较有影响力的也只有 Gutt 的关联翻译理论。并且 Gutt 的理论也只是从成形的关联理论的角度对翻译过程作出解释,但是关联翻译理论具体到文本层次如何对翻译本身进行指导,对此 Gutt 并没有提及。本研究基于语料库,力求从言语交际、跨文化交际和语用学的角度对汉英口译过程中的话语明示进行描述性分析,分析其语用功能,进而总结其口译策略。从理论架构而言,本研究将会从理论上丰富从言语交际和语用学角度进行的口译研究，并系统性地总结归纳汉英交替传译中语用功能的频率、实现方式和出现原因，为现有的语用功能研究提供更加详尽的案例和数据。

第二，从口译实践的角度来说，目前大多数研究的重点还是放在口译技巧和口译质量评估上。对于口译技巧来说，最主要的研究重点放在了口译的听辨理解以及口译过程中较为核心的技能，例如口译笔记与口译记忆上。对于口译过程中将源语转化为目标语的双语转换，却较少有人提及。而且大部分双语转换技巧的研究还是没有摆脱传统的笔译研究理论和范式，也未考虑到口译的即席性和交际性等特征，并且所研究的语料大多为凭空想象或选自零散的口译实践，对口译实践帮助不大，且不具备系统性。而本研究所选用的语料来自1998年至2014年的"两会"总理记者招待会口译，其主题的一致性、场合的正式性以及口译员的高水准都使其成为口译译文分析的良好材料。本研究将通过对真实环境下高质量口译译文进行定性和定量分析，从语用和口译策略的角度对口译实践提供指导。

第三，从语用功能的角度来说，现有研究大多是针对单个词或者某类语言现象的语用功能进行分析，较少系统地对某个特殊环境下使用语言的语用功能进行研究。同时，现有语用功能研究主要是基于文本材料，例如基于名著的译本、医学论文、广告文案及二语写作等；或是言语交际，如教师课堂用语、商务谈判、日常交际等，对口译这种涉及双语及双语转换的交际过程讨论不多。再者，语用功能研究往往采取的是定性研究，以理论分析为主。本研究基于真实口译语料，对汉英口译中明示话语进行分析，进而得出整个口译过程中明示话语的语用功能数据分布并推导出口译策略，从而填补现有语用功能缺乏系统实证研究和语料库研究的空白。

第四，从研究方法的角度来讲，虽然目前口译的研究方法有理论推演型和实证研究型，但国内现有的口译研究大多采取的是理论推演型，该方法主要是基于自身经验总结或是对所观察到的案例进行主观分析，或者是将口译与语言学的各种理论相结合，尝试对口译本身进行理论建构。然而相对更加科学的,通过数据收集,并对数据进行处理分析的实证研究方法却没有得到较多的应用。而且,现有的实证研究方法,例如口译语料库研究的重点还是放在研究方法的讨论上,如语料如何进行标注、语料转写的方式,以及选择哪些语素进行标注等。而现有的语料库应用研究则主要把重点放在词频的比较上,对于词频的解读,以及原文译文中同类词的词频差异对口译策略的指导,却并未提及。本研究将采取语料库的方式对口译语料进行数据分析,并尝试从语用功能的角度对数据进行解读,从而尝试总结规律性的口译策略,以指导口译实践。

第三节 本书架构

本书的整本框架如下:

第一章为绪论部分,简要概述了本研究的现实意义,较为详细地阐述了本研究在口译理论、口译实践和研究方法上的创新,并对整本书的架构做了说明。

第二章为本研究的文献综述部分,首先对口译中明示话语的定义及其相关研究进行分析,指出口译中明示话语有较大的研究价值,但相比现有话语研究中的明示话语研究,其质和量存在不足;接着通过对国内外核心期刊中发表的语用功能论文所采取的研究方法、研究主题、研究对象进行定量分析,得出语用功能现有研究的不足和未来研究方向。最后,对口译与语用学相结合的跨学科研究进行梳理,进一步明确了现有的从语用学角度进行的口译研究中的不足及其研究价值。通过上述综述,分析出现有研究中的研究内容、研究方法、研究对象和研究环境中存在的不足和缺陷,基于这些不足和缺陷,推导出本研究的价值以及其创新之处。

第三章对本研究的研究设计步骤作了说明。首先介绍了本研究语料和研究内容的筛选途径和原则;接下来对本研究中所采取的研究方法作了介绍;最后提出本研究尝试解决的四个研究问题。

第四章对汉英口译中讲话者使用明示话语的语用功能进行了讨论。

本部分主要讨论汉英口译过程中汉语原文中出现的具有中国文化或语言特色，同时又难以翻译的明示话语中的中国特色词汇、隐喻和语气助词，通过分析这三类语素的原文及其译文的语用功能以及其与原文之间形式、意义的不同，总结出其口译策略。

第五章对口译员使用的明示话语进行分析。本部分主要讨论口译员在汉英口译明示过程中与原文相比显化的语素在译文中的语用功能。通过调查和前人研究，找到两个既被认为对话语理解有重要作用，同时也是众多学者进行分析研究重点的语素：话语标记语和模糊语，通过分析两个语素在译文中的语用功能，总结其在口译中译文显化策略。

第六章对讲话者及口译员均使用的明示话语进行了研究。本部分主要对原文、译文中均高频出现，存在较大差异且为语用功能研究重点的情态动词、人称指示语和转述动词进行分析。通过对这三类语素在原文及译文中词频、语义及语用功能的比较，总结出情态动词、人称指示语和转述动词的汉英口译策略。

第七章为总结。概括了本研究的主要发现与研究局限性，同时为今后相关研究的发展方向提出了建议。

第二章 文献综述

本章首先阐述了本研究中最关键的概念——口译中明示话语的定义及其内涵，对其在言语交际以及口译中的相关研究进行梳理，明确其所具备的研究价值。然后对本研究的研究重点——语用功能现有研究所采取的研究方法、研究对象、研究环境、研究主题和结论进行总结，分析出本研究对语用功能的研究在研究方法、对象、环境和主题上都较有新意。最后，通过对语用学视角下的口译研究文献进行评述，得出从语用学的角度，基于口译中话语明示的语用功能来分析其口译策略对口译实践和理论都有较大的贡献。

第一节 明示话语研究

各种不同的对外活动中采取的口译类型与形式是不尽相同的。其类型大致可以分为联络陪同口译、交替传译、耳语翻译、同声传译等。但是如果仅仅从操作形式上来看的话，以上的口译形式可以归为两类：交替传译与同声传译。其中，交替传译是指讲话者在讲话时，口译员听取源语讲话并进行笔记和记忆；当讲话者停止讲话时，口译员根据笔记与记忆信息用准确、简练、完整、得体的目标语将讲话者的讲话内容译出。而同声传译是指口译员在讲话者的演讲开始几秒钟后进行同步翻译，与讲话者的讲话几乎同时结束。

将同声传译与交替传译两种口译形式进行比较，我们可以发现两种形式各有千秋：同声传译较交替传译更加节约时间，所以一些时间要求紧迫的高峰论坛、产品发布会、学术讨论会等商务学术活动会采取同声传译的翻译形式。但是由于同声传译形式的限制，对口译现场的设备、译员水平有着较高的要求，而且在译员水准相近的情况下，交替传译的译文质量更高。所以一些对译文要求较高，或受场地条件等限制的场合，如大型会议的讲话致辞、学术报告、讲座、记者招待会、商务谈判等会采用交替传译。

　　由于本研究将研究范围定在口译的语用功能上，而语用功能作为语用学的重要概念，主要研究基于言语交际的言外意义，所以对交际双方的关系、交流以及交际内容，也就是原文和译语的分析显得至关重要。相比同声传译，交替传译在进行语用分析的时候有较大的优势，原因有二：第一，同声传译中，口译员一般都在相对封闭的同传间进行工作，源语也是通过信号传输到耳机里进行接收。由于距离和空间的关系，口译员无法与讲话者进行沟通，而且口译员也很难有时间、精力和条件去观察讲话者的表情和身体语言，所以在同声传译中，讲话者与口译员几乎没有除言语单方面输入之外的任何形式的交流。然而交替传译中，口译员有机会与讲话者进行如确认、问询之类的言语交流，同时也有如眼神交流等的无声交流。而且由于距离和精力分配的原因，口译员有机会近距离观察讲话者的面部表情和身体语言，从而了解更多讲话者讲话时想表达的情感以及态度。第二，本研究的重点是对真实场景的口译译文中话语明示的语用功能进行分析，所以译文质量的好坏直接决定本研究的信度与效度。相比同声传译，交替传译的反应时间更长，时间压力更小，同时认知负荷也更小，所以一般来说，相同能力的译员在做同样难度材料的同声传译和交替传译时，交替传译的译文语言质量更好、更准确、输出更自然。

　　无论是交替传译还是同声传译，都是即席地理解原文，将所理解的源语口头翻译成目标语，并用听众可以不用费力理解的方式表达出来的过程。但是现有的口译研究将重点放在了源语如何理解、双语如何转化，以及口译员如何应对认知负荷等领域，对于口译员如何对译文进行处理，使得"只能听一次"的目标语更容易被社会文化背景完全不同的听众所理解，却少有学者涉及。同时在口译实践当中，并不是口译员将源语理解到位并翻译准确,就一定能让口译交际活动顺利地完成。有时,译文虽然准确,但是往往会出现句子结构松散、信息难以理解、听众抓不到重点等问题,从而影响听众的理解以及口译的交际效果。

在这种情况下,口译员如何进行话语的明示,从而让听众更好地理解原文成了口译过程中需要也值得研究的内容。而现有的对明示话语的研究,主要是对其概念的界定以及在交际中的运用。现有研究中,直接对口译中明示话语进行的研究几乎没有,但是基于类似理论来进行间接分析的研究也有相当数量,本部分将分别从明示话语的定义,以及其在言语交际和口译中的应用三个方面来对现有研究进行梳理。

一、明示话语的定义及其内涵

明示话语的概念是从关联理论中的话语推理—明示的交际模型中提炼出来的,其核心观念是将认知与交际相结合,尝试解决交际中的哲学与心理、表层与深层的意义。其中,明示话语是从讲话者的角度,尽量通过实现最佳关联的交际方式,对听话者进行言语上的明示。下面将分别从明示话语的定义和内涵角度,通过文献总结的方式对该概念进行分析与解读。

(一) 明示话语的定义

从亚里士多德(Aristotle)开始,各个领域的学者就开始寻找适用于人类各种交际行为的规则或者定律,以解释复杂的交际过程。符号学的出现,似乎标志着学者们已经找到了一个通用可行的理论,即代码模式。其核心观点是将交际看作一个编码和解码的过程,即讲话者将思想编码到言语中,听话者通过解码了解讲话者所要表达的思想。但是随着语言学以及语用学的快速发展,人们发现语言所表达的不仅仅是语义,还有一些无法从语内解码的内容,如言外行为、会话含义等。

随着对言外信息解读的需求以及语用学理论的不断发展,越来越多的学者从认知的角度看待言语交际，尝试去探讨交际本来的状态，并提出了较有见地的观点：Grice(1967)认为交际中除了语言本身的意义之外，还蕴涵着其他意义，于是提出了交际的基本原则——合作原则，强调交际中的隐含意义。1978 年，经 Grice 论证完善之后，会话含义理论形成，用来描述交际过程中所说的和所蕴涵的信息。会话含义理论与代码模式最大的不同在于理解说话人在话语中的暗示，靠的不是语言解码，而是推理。而语用推理是根据语境假设和合作原则作出的。其理论认为，人们在进行言语交流时，遵守了一定的例如真实、关联、充分等合作原则。

但是 Grice 的理论还留下较多尚未解决的问题，如：话语交际是否必须通过合作？是不是必须要遵守相关的交际合作原则？对于这些问题，Sperber 和 Wilson(1986)合作出版的《关联性：交际与认知》中提出的关联理论(Relevance Theory)做出了回答。何自然、冉永平(2009：299)评论该理论为近年来影响较大的有关语言交际的认知语用学理论，为此语用学出现了新的研究热点。Levinson(1989)将此书评论为"作者试图将语言学理论的重点转移到认知的一般理论上来"。关联理论将语用学的研究重点引到了认知领域中，所以西方语言学界称其开创了"认知语用学"这一学科分支。其理论与 Grice 理论的最大区别有两点：第一，Grice 的理论过于强调遵守合作原则诸多准则的重要性。但是关联理论并没有承认这条准则，在关联理论中，关联是交际中最基本也是唯一的原则。第二，Grice 只强调交际话语中的"暗含"，却忽视了话语中的"明示"。但在关联理论中，Sperber 和 Wilson 却给明示予以同样的关注。

关联理论所讨论的核心内容为语用学最重要的两个研究主题——话语的生成与理解。基于这两个主题，作者讨论了交际中最重要的两个概念：明示和推理。Sperber 和 Wilson 把语言交际看作一个明示(ostensive)—推理(inferential)过程，即明示和推理是语言交际过程中的两个阶段。其中，明示与讲话者有关，推理与听话者有关。从讲话者的角度来看，交际是一种明示过程，也就是讲话者想让听话者明确他讲话的意图。从听话者的角度来说,交际是一种推理过程,是指听话者通过讲话者明示出的信息以及自己的认知语境推理出讲话者的交际意图。所以,交际过程中,明示与推理是同时进行的,两者的区别仅仅在于观察的角度不同,讲话者的角度涉及明示,听话者的角度涉及推理。

所以对于讲话者来说,交际是明示过程,就是说讲话者"清楚地表示自己有明白地表示某事或某信息的意图"(Sperber & Wilson, 1995:54)。所以,明示就是把信息和交际意图用听话者可以理解的方式明白地表达出来的一种行为。同时,讲话者的明示行为存在两种意图:第一种为信息意图,即交际话语的字面内容,这与话语中的"明说"是一致的。第二种为交际意图,交际意图往往包含话语的隐含信息。也就是说,讲话者不仅要表达传递何种信息,更要表达在自己所传递的信息中所包含的意图。

综上所述,在明示—推理交际中,讲话者使用明示这种手段去进行刺激的目的就是希望引起听话者的注意,让听话者去推理该行为所隐含的交际意图。所以在交际过程中,能够直接展示交际意图,或者让交际意图更明显、更容易理解的话语称为明示话语。

(二) 明示话语的内涵

明示话语对整个交际过程的关联性至关重要,究其原因,是因为人的注意力会自动集中到自认为最有关联的现象。话语的明示行为包含了关联性的保证,也正是这样的保证使得明示背后的意图变得明显,从而使得交际的推理模式具有解释性。成功的推理离不开正确的语境假设,所以在明示过程中,讲话者需要通过其明示的话语改变听话者的认知环境,表达其交际意图,听话者基于改变的认知环境对说话者所明示的话语进行推理,就构成了完整的明示—推理过程。

交际活动是一种由讲话者明示与听话者推理组成的活动,而交际又与关联相关。根据关联理论,讲话者可以通过话语来制约听话者对关联信息的找寻,而听话者对话语理解的目的就是为了寻找与自己语境相关联的信息。为了表明听话者在话语理解过程中付出多少精力以及取得多少效果，Sperber 和 Wilson 提出了关联性的概念。关联性的提出基于两个基础，第一是人们在进行信息处理的时候，倾向于以最小的努力去换取最大的认知效果。第二是关联性的程度大小取决于推理时所付出的努力以及最终获得的语境效果。也就是说推理时付出的努力越小，语境效果越好，关联性越强；推理时付出的努力越多，语境效果越差，关联性也就越弱。

在交际过程中，交际的双方寻求的不是最大关联，而是最佳关联。其中，最大关联是指话语理解是付出尽可能小的努力以获得最大的语境效果；而最佳关联是指付出最小努力去产生和理解话语，同时话语也能产生足够的语境效果。最佳关联假设包括：

（1）明示刺激具有足够的关联性，值得听话者付出一定努力加以处理。

（2）听话者为了取得语境效果而付出了推理努力。

为了达到这两个条件，明示话语要首先引起听话者的注意，能让听话者在现有语境下产生足够效果，同时能使得听话者花费一定努力对话语进行推理。但是这个努力不可以太大，否则付出的努力太大，就变成了最大关联；同时也不可以太小，小到没有寻找到讲话者所期待的最低限度的关联。

二、言语交际中的明示话语

明示话语作为关联理论中的核心概念，与关联理论一样在言语交流的语用研究领域中起着重要的作用。通过对现有相关研究的论文梳理，发现研究重点在理论建构、理论应用以及相关实证研究上。

关于明示话语在言语交际中的解释性，刘建刚（2006）指出，虽然关联理论对语言交际现象作出了解释，但是在实际交际中讲话者会选择相对模糊而非明示的语言来进行交际，这样做并没有影响到最佳关联，相反会取得更佳的语用效果。所以在言语交流中，除了明示—推理交际模式之外，还存在着明示—隐含交流模式。而采取何种交际方式，取决于交际的目的、对象、语境与交际动机等。李亚群、姜晖

（2012）则分析了明示话语在言语交际中如何进行运作，并且依托真实案例进行了具体的步骤分析，对言语交际中讲话者如何通过明示话语实现交际意图，同时从听众角度来分析推理是如何进行的，指出在动态认知语境的前提之下，明示话语对交际意图是否能够实现至关重要。

对于面对面的言语交际中明示话语的应用研究，叶禹彤（2012）指出，在电视访谈节目当中，主持人、嘉宾以及现场观众言语交际效果的好坏直接关系到访谈节目成功与否。但是在实际操作当中，由于个人认知能力的差异，误差经常会发生。作者通过杨澜以及崔永元在访谈节目中真实的案例，分析表明在言语交际中采取话语明示角度来解读言语交流会对双方或多方交流有一定帮助，对话语理解有较强的解释力。周凌、张绍杰（2013）通过电视剧中的真实语料研究发现，中国人在表达"面子"时，非常喜欢通过"面子""脸"等词汇来对表达进行明示。并且听话者在理解"面子"相关话语时，像"人品""尊严""人性"以及"受教育程度""社会地位""性别关系"等因素起着显著相关的作用。

对于以文本为交际手段的言语交流中明示话语的作用，也有学者进行了分析：陈吕庆（2008）以广告语这种特殊的言语交际为研究对象，广告语作为言语交际方式，有意图实用性、信息有价性、明示经济性、推理省力性和话轮一次性五种特征。基于这五种特征，作者认为广告语应该以实用与实效为目的，通过明示话语对广告受众人群认知环境的熟知化，使得广告语取得交际的最佳效果。廖素云、杜春雷（2011）指出对于公示语翻译这种跨文化言语交际来说，许多交际失败的原因是译者在翻译过程中几乎没有考虑到读者的接受，所以在翻译公示语时应该通过明示话语来"明示所指"，帮助读者更好地理解讲话者所指的意义，从而使得交际效果更好。

三、口译中的明示话语研究

最早意识到明示话语在口译中重要性的是莫爱屏（2003），他在其论文中将口译过程形容为"讲话者—口译员—听众"的三元关系。口译员作为三元关系中最重要的一环,不仅需要推理出讲话者所需要表达的信息,同时需要借助明示话语这种手段来帮助听众了解源语信息。在口译过程中,最重要的环节就是口译员为了达到交际目的,会尽力使用言语或者副语言特征使得讲话者的交际意图表达得更明显,使得听众更容易理解译文,从而达到更好的交际效果。

后来,越来越多的学者开始重视口译中的明示话语研究。如李金鑫(2008)发现了明示话语对口译教学的指导作用,他认为在汉英口译中,口译员必须通过话语对听众进行信息明示,在明示过程中,口译员必须了解中英文之间的语言差异以及两种语言使用者的思维方式差异。口译员不仅需要了解听众对口译表达的要求,理顺译文逻辑,帮助听众理解原文信息,甚至需指出原文讲话者的言外之意。由于口译员在口译过程中承担着巨大的明示压力,所以在课堂教学中,教师仅仅通过比较参考译文和学生译文来评估学生的口译表现是不恰当的,在课堂教学中,教师应尝试模拟更加真实的场景来帮助学生提高跨文化交际能力。莫莉莉(2009)认为口译员的记忆与明示话语密不可分。尤其是对于较为专业领域的口译,例如景观设计口译,明示话语可以有效地帮助口译员对信息进行记忆。口译中的记忆分为语义记忆和情节记忆,对于语义记忆,口译员可以通过明示话语加深对设计主题的理解、对设计方法的了解、对设计者背景的熟悉,以及对设计特点的了解。同时,情节记忆可以帮助口译员更好地把握误差差别、语义选择以及话语方式选择。

虽然在口译中显化的定义和适用范围与明示话语有一定出入,但是它们都是通过对直译译文进行改动从而让译文更易理解,因此我们可以将口译中的显化研究放入本部分中来。现有的口译中显化研究主要分析了显化的效果以及策略使用动因。如胡开宝、陶庆(2009)认定显化语篇意义是指翻译员用明示话语来讲源语句子间的隐含关系,或者用显性的衔接替代隐形衔接。在汉英口译中,由于英汉两种语言语境的差别,以及为了听众更好地理解原文以促进言语交际的更好进行,在语料库中，口译员会采取特定的方式如用'that'引导的从句以及表示逻辑关系的词汇来进行显化。张其帆(2009)通过语篇分析法来对2009年温总理访欧之旅的交替传译语料进行分析，最后将汉英口译总结为三类，即填补汉英差异的"不可或缺"类型、补充背景知识的"语境补充"类型以及口译员主管选择的"可有可无"类型。同时，口译员采取显化策略的动机除了明确译文中所指事物归属，减低译文被误会的风险之外，口译员所工作的会议的重要程度以及口译员与讲话者的悬殊地位差距也会影响使用显化这种口译策略的动机。唐芳、李德超(2013)通过实证研究，考察学生口译员和职业口译员使用显化策略的偏好不同。研究发现，尽管显化可以帮助口译员赢取思考时间、填补没听懂的空白、对译文进行解释，使其更明白和明确讲话者讲话的隐含评价，但是大多数译者所采取的显化都是为了帮助听众更好地理解原文而有意为之。学生口译员与职业口译员最大的差别在于显化对于学生口译员来说是弥补自身能力不足的工具，而职业口译员往往通过显化这种方式帮助听众更好地理解。

第二节 国内外语用功能相关研究

从20世纪80年代开始，语用学就作为语言学分支逐渐被西方学术界所接受和重视。而语用功能作为语用学极为重要的一部分，也吸引到越来越多的学者参与其研究。相比而言，国外有关研究起步较早，而从20世纪开始，我国对国外相关理论进行介绍翻译之后，研究无论是从深度还是广度而言都有了非常大的发展。本部分通过统计分析1985—2015年(截至2015年9月2日)国外SSCI期刊和国内12种外语类CSSCI检索期刊上发表的有关语用功能研究的文章，回顾和展望语用功能研究，找到研究新领域、新角度和新范式。

笔者通过EBSCO、WOK、Elsevier、Google scholar等外文数据库的高级搜索对英文文献进行了搜索，先搜索标题中的关键词"pragmatic"，接下来在结果中搜索"function"，再通过阅读摘要、搜索参考文献等方式,总共得到 76 篇相关文献,参考 2014 年 SSCI 语言学学科收录的 172 种期刊,保留 SSCI 索引的文章,最后选定了 44 篇文献。国内期刊通过 CNKI 数据库中搜索关键词"语用功能",结合对摘要阅读进行筛选,最后选定了 89 篇文献。

通过归纳,本部分拟总结出国内外语用功能研究的总体趋势、研究方法、语料的选择以及研究对象与环境,并对今后语用功能的研究进行展望。

一、语用功能研究趋势

鉴于年份跨越 30 年,而 1995 年之前文献较少,故除 1995 年之前一并统计之外,其他每五年做一次统计,如图中 1995—1999 年所对应文章数代表从 1995 年到 1999 年国内发表的 4 篇与国外发表的 7 篇,以此类推,得到图 2-1。图 2-1 表明,近 30 年国内外语用功能研究呈现出稳步上升的趋势。纵观相关研究,国内可以分为两个阶段:第一阶段(1986—2000 年)的发展相对缓慢,15 年内仅有 7 篇相关论文(占总数的 7.9%);第二阶段(2000—2015 年)的发展极为迅猛,15 年内共有 82 篇(92.1%)。究其原因,主要是起初学者所研究的对象过于具体或者笼统,如孙建荣(1986)针对模糊限制语的一种语用功能进行了讨论,而邱天河(1994)则笼统地讨论了英语的交际过程中所产生的语用功能。并且在第一阶段的研究中,大多数学者是从文化差异的角度来研究语用功能的,而对交际目的以及交际双方的关系没有给予较大关注。何安平(1998)首次采取基于语料库的定量研究方法研究语用功能,从而提供了语用功能新的研究方法与范式。冉永平(2002,2003)尝试从言语交际的角度,以语境为载体对单个词语的语用功能进行研究,从而带动了从 2000 年开始语用功能研究质和量上的发展。在此阶段中,不仅仅是语用功能相关研究的论文数量猛增,随着语言学跨学科研究的兴起,研究也开始从语用功能研究转化为语用功能在教学、写作、翻译中的应用研究;从语用学角度的研究转为语义学、翻译学、二语习得角度的研究。尤其是语用研究的环境从广义上的交际到逐渐被限定在某种特殊环境中,例如王晓军、林帅(2014)尝试分析会话冲突中名词的语用功能,甄凤超(2010)对学习者英语会话中的反馈语语用功能进行研究。可以看出,基于某种研究环境下的定量、跨学科研究将是未来语用功能研究的主要方向。

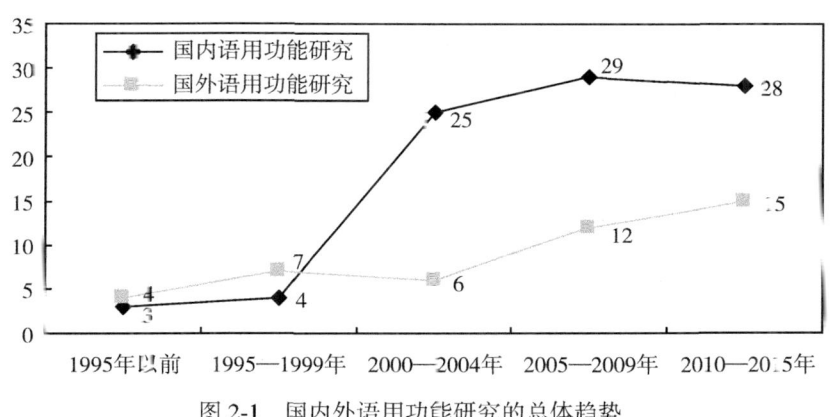

图 2-1 国内外语用功能研究的总体趋势

国外相关研究数量虽然较少,但是较国内研究更具深度与广度:其研究不仅仅包括国内的单个词语、某类词语、句式、语言效果等研究,还包括如沉默(Michal Ephratt,2008)、手势(N. J. Enfield,2007)等国内学者所忽视的领域,并且与国内学者所选语料较为随意不同,大多数国外研究均对所研究的语料有一定限制,或者直接采取语料库研究方法,力求研究更加科学、真实。从研究的趋势、方向以及研究数量来看,国外研究都与国内研究的趋势较为接近。我们可喜地发现,国内语用功能研究一直都能跟上国际趋势,并基于汉语言以及中国文化背景作出了探索和贡献。

二、语用功能研究方法与语料来源

本部分借鉴国际通用的语言学分类标准,将研究方法分为定量研究和定性研究两大类,统计结果如表 2-1 所示。

表 2-1 国内外语用功能研究（近 30 年研究方法统计）

		1985—1995年	1995—1999年	2000—2004年	2005—2009年	2010—2015年	总计	比例
定量研究	国内	0	1	2	4	9	16	12.0%
	国外	1	3	3	7	9	23	17.3%
定性研究	国内	3	3	23	25	19	73	54.9%
	国外	3	4	3	5	6	21	15.8%

从表 2-1 可以看出，国外的定量研究比例大于国内。从发展历程来看，2005 年是国内外定量研究比例开始增大的分水岭，在 2005 年以前，国内定量研究的比例只有不到 10%，而 2005 年之后其比例超过 20%，并且在 2010 年之后比例接近三分之一。这是因为在语用功能研究初期，学者需要对其在交际中的作用和功能的类型进行理论探讨，从而对语用功能在交际中所起的作用进行非实证研究。2005 年之后，理论建构逐渐完善之时，大多数学者开始采取更为科学、客观的定量研究对语用功能在语言学各个领域中的影响和作用进行描写性研究，他们也不仅仅满足与归纳总结出各个环境下或者各种语言要素的语用功能，而是尝试基于总结出的语用功能来对其他语言实践，如教学、翻译、交际等进行指导。

语用功能研究中，所选取的研究对象是决定研究是否真实、有效、科学的重要前提。在本书中，根据语料来源是否有限制以及能否构建成一个系统的语料库，将国内外语用功能研究分成了没有限制、有一定限制和语料库三种。通过统计相关数据，得到表 2-2：

表 2-2 国内外语用功能研究语料来源

	1985—1995年	1995—1999年	2000—2004年	2005—2009年	2010—2015年	总计	比例
没有限制	5	6	22	25	20	78	58.7%
一定限制	1	1	3	7	10	22	16.5%
语料库	1	4	6	9	13	33	24.8%

有一定限制是指该研究虽然没有将研究语料构建成语料库，但是对于语料的来源（例如均选自文学作品或者某部电视剧）作出了一定的规定与限制，以保证语料的一致性。通过表2-2我们可以看出，早期的语用功能研究大多数对语料并没有限制。这主要是由于早期学者在进行研究时，已经通过日常观察与总结找到了某种语言现象的几种语用功能，而语料或案例在这类研究当中只是作者自己模拟或者挑选出来作为各种语用功能的例证。2005年之后，学者们意识到仅凭略为主观的解释性研究已经无法满足日益发展的语用学需求，于是更多研究开始对所研究语料进行一定的限制，如许明武（2009）选择了记者招待会和口译教材作为研究语料，N. J. Enfield 等（2007）选择了几个受访者的手势作为研究对象。虽然这些研究并没有采取实证研究方式，但是由于语料均为某种特定的环境中提取，所以较没有限制的语料更具科学性。2010年之后，为了配合定量研究，越来越多的语用功能研究采取了语料库的研究工具。语料库研究不仅使得语用功能研究的数据更加科学、客观，同时帮助学者们了解了不同类型语用功能在某些环境中的分布比例，以及基于某些语言现象的统计数据而得来的语用功能，从而将语用功能研究与语言学其他领域的研究紧密地联系在了一起。

三、语用功能研究对象

通过对100多篇国内外相关论文进行总结分析，笔者将所有论文的研究对象分为五类：第一类为单个词的语用功能，如"well""you know"；第二类为某类词如模糊语或话语标记语的语用功能；第三类为语言所造成的语言效果的语用功能，如刻意曲解、幽默话语等；第四类为某类句式的语用功能；第五类为特殊语言现象的语用功能，如翻译语言、左向移位结构等。此外，还有极少数研究并没有较为具体的研究对象，而是将研究放在了某个特殊的环境当中，如学术类文章标题或者教师用语，或者研究非语言交际手段的语用功能，如手语、沉默等。

通过表2-3可以发现，某类词的语用功能研究在所有研究中占的比例最大，而单个词、句式等研究直到2000年才引起重视。下部分将对论各种研究对象的具体研究结果和发展特征。

表 2-3 国内外语用功能研究(30 年研究对象)

	1985—1995年	1995—1999年	2000—2004年	2005—2009年	2010—2015年	总计	比例
单个词		1	4	10	5	20	15.0%
某类词	5	4	9	14	13	45	33.8%
句式及语言现象		4	11	9	10	34	25.6%
语言效果		1	6	4	8	19	14.3%
特殊环境	2	1	1	4	7	15	11.3%

(一) 单个词

早期的语用功能研究大多放在较为宽泛和概括的某类词和语言现象上，更为具体的单个词语语用功能研究直到 2000 年以后才被人重视。例如"well"一词，最早由冉永平(2003)总结出来四点语用功能，为言语行为面子威胁缓和语、言语行为延缓标记语、信息短缺标记语与信息修正标记语。而吴勇、郑树棠(2007)则在冉永平的研究基础之上，以狄更斯的原著《大卫·考坡菲》的张谷若译本为语料，对原文中"well"一词的语用功能以及其译文中的再现进行了分析，不仅在对"well"一词的语用功能分析中增加了如话轮转换、话题转换等功能，而且基于"well"在原文中的语用功能给出了其翻译的建议和策略。而李民、陈新仁(2007)则基于冉永平所总结的语用功能，对英语专业学习者进行"well"一词语用功能使用和理解的实证研究，并指出中国英语学习者对"well"一词使用的不足，以及未来英语学习者可以尝试的提高方法，为单个词的语用功能研究指出了新方向。

(二) 某类词

纵观近 20 年某类词汇的语用功能研究，话语标记语和模糊语是最受关注的两个领域，早在 1986 年，孙建荣(1986)就对模糊限制语的取消性这一语用功能进行了讨论。接下来王宏(2003)基于取消性这一功能将模糊限制语的语用功能延伸到了提高效率、灵活性和幽默性三种功能。徐畅贤(2006)则在上述三种语用功能上又发展出了提高话语含蓄性、减少讲话者责任和保全面子三种功能,模糊限制语的语用功能基本完善。而蒋跃、陶梅(2009)则在前人的研究基础之上,采取定量的方式,对英汉两种语言的医学论文讨论部分中的模糊限制语的出现频率进行了对比研究,进而得出其语用功能以及使用策略。

同样,话语标记语作为语用学研究的重点之一,其语用功能也是众多学者讨论的重点。在对单个词的研究中,有超过一半是以某个话语标记语为研究对象,如"well""you know""you see""I think"以及中文中的"嘛"和"其实"。也有对整个话语标记语的研究,例如马萧(2003)从认知的角度对英汉两种语言中的话语标记语进行了分析,并指出了它们在交际中有着共同的语用功能,也存在差异,于是在翻译过程中应该基于语用对等灵活处理,翻译出标记语的语用功能。于国栋、吴亚欣(2003)则基于顺应理论,将话语标记语的语用功能进行分析和梳理,从而将其分为承上型、当前型和启下型话语标记语,同时,话语标记语也是人们在交际时构建语篇的有力工具与手段,是表达自己思想、帮助听众理解话语的有效方式。之后,谢楠(2009)和王海霞(2014)则基于语料库分别探讨了话语标记语在汉译时的信息缺失现象以及其共时特征,不同功能之间的共性以及相同语用功能之间话语标记语的区别。

(三)语言效果

对语言效果的语用功能主要放在可以让听众感受到的语言效果,例如幽默语言。王牧群、李相敏(2007)发现幽默语言的语用功能顺利实现必须要求人的个体认知能力,包括逻辑、语言和百科知识都达到一定水准之后才得以实现。而 Gertrud Reershemius(2012)则将幽默语言的研究环境放在学术研究展示当中,通过长达25小时英语、波兰语和德语的语料,分析幽默语言的语用功能在三国听众中的效果,以研究在不同文化背景的听众中,幽默语用的效果是否有所不同。Alan Partington(2012)则对讽刺语言进行了研究,发现有些讽刺语言是讲话者的刻意为之,并且在交际中达到了预期交际目标,而有些讽刺语言则是讲话者无心造成的语言效果。何自然、申智奇(2004)则对刻意曲解的语用功能做了讨论,首先,作者指出刻意曲解与误解在触发条件、语用功能和运行机制上不尽相同。适当使用刻意曲解可以实现一定的语用功能,但是如果过度使用,而不考虑相应的制约条件的话,会对交际产生负面影响。

(四)句式及语言现象

对各种句式及语言现象的研究较为分散,其主题也较为多样。相对较多的为各种问句的研究,针对特殊疑问句,郭举昆(2003)指出特殊疑问句除了最常见的表示疑问的语用功能外,还有以言行事、要求说明解释、否定与反驳,以及争取同情、理解与问候等语用功能。而余玲丽(2004)则从音调与重音的角度对特殊疑问句中重音的位置及其相应的语用功能进行了讨论。Ditte Kimps 等(2014)则通过建立英式英语中的即兴对话的反义疑问句语料库,来对其语用功能进行分析。研究发现,大多数的反义疑问句不是为了寻求信息,而是为了表明自身的立场、评论、建议,或者是对之前对话中问题的反应。并且借助语料库,本研究还对各种语用功能的分布、重音在句中的位置等进行了定量分析,为问句语用功能研究的方法与方向作出了贡献。

(五)特殊环境

除此之外,少数语用功能研究中并没有特定的研究语素,而是选择研究某个特定环境下的所有交际语言,例如大学生书面语词块结构,教师语言、英国办公电邮的开头与结尾、非语言交际以及手语和沉默。此类研究在国内的比重非常之小,发展潜力比较大。值得注意的是,刘晓玲、刘鑫鑫(2009)和史顺良、任育新(2010)都是通过定量分析研究环境本身的一些特点,如构词法、标点符号的使用、词性和结构,进而推理和总结出语用功能。这样的研究方法较之前单纯通过经验综合和观察更具科学性。国外的研究范围则较广,所涉及的面和交际形式更加地丰富。N. J. Enfield 等(2007)录像老挝农村地区的指示手势,制作成视频语料库。通过研究发现,指示手势分为"大动作"和"小动作",其中,幅度较大、指示较为明确的手势代表动作者对于所指的方向较为自信，而幅度较小的手势则代表施动者的指示缺乏自信或者并不明确。Esperanza 等（2012）通过分析西班牙手语的句式结构，进而分析出西班牙手语是如何来实现句中以及句间的连接，并实现其语用功能的。

四、语用功能研究存在的不足及未来研究方向

不可否认，近30年国内外的语用功能研究取得了较为丰硕的成果，但还存在着一些不足，了解现有研究中存在的不足和缺口将会给未来的研究提供启示。回顾现有研究，主要在以下几个方面存在问题：

（1）研究方法相对单一。大部分的语用功能研究均采取定性研究方法，这样不可避免地会导致研究结果相对较主观，而缺乏真实而系统的语料也会显得所总结出来的语用功能并不具备太多说服力，而如互动分析、有声思维以及个案分析等方式可以考虑在今后的定性研究中使用，尤其是个案分析作为许多领域研究的常用方法在语用功能研究中较少。虽然近年来采取定量方法的语用功能研究数量有所上升，但是大部分的研究都是基于现有语料库来进行数据分析。很少有研究人员尝试对交际参与者进行访谈来验证他们所尝试实现的语用功能，而是根据上下文来推测出最符合逻辑、最可能的语用功能，这种方式在研究中还是有不尽科学和主观的地方。在今后研究中，可以尝试多采取访谈、录像等方式来对语用功能做更客观、全面的分析，以期得到更为准确的研究结果。同时，目前大多数语用功能都是基于经验和观察的总结，很少有基于数据分析，如词频、构词方式等来对语用功能进行的分析，这也是未来研究的新思路。

（2）研究对象相对狭窄。国内的语用功能研究主要偏重在某类词语以及各种特殊句式上，而忽略了言外信息语用功能的研究。事实上，在日常交际中，言外交际的语用功能对交际的效果有着直接影响，国内研究者应在此领域有所开拓。除此之外，国内对于社会特定群体的流行用语，例如网络语言、短信、微博等新型交流方式的语用功能不同于传统交流方式的语用功能，同时这些新型交流已经成为青少年日常交际中极

为重要的一部分，此类交际的语用功能理应成为研究的新关注点。此外，对二语习得、翻译、认知语言学、文学等外语类研究对象的语用功能研究都有一定数量，但是对于口译这个言语交际的重要组成部分现有研究涉及较少，值得探究。

(3) 研究结果有待延伸。语用功能的研究结果如何促进交际更好地进行是困扰诸多学者的一个问题。目前少数学者尝试将研究结果运用在二语教学及翻译上，但至今未见有关交际者如何通过语用功能这个工具更好地进行交际的研究。从交际者自身出发，通过访谈、模拟交际等方式，探讨哪些会导致语用失误、语用功能的失败，以及运用何种工具可以避免这种失败是一个尚未开发的课题。同时，如何通过语用功能的分析，达成译文与原文的语用对等，从而使得译文更加准确地表达原文意义，更好地被听众以及读者所接受，也是未来值得探讨的问题。

第三节　语用学视角下的口译研究

一、语用学与口译的联系

口译与语用的关系最早由 Leech(1981，1983) 提出。在口译以及话语理解中，口译员不仅需要考虑原话语与自己所理解话语的内涵和外延意义，也需要充分考虑话语的社会、情感、反映、搭配、联想乃至主题意义。所以在口译中，译者应随时保持警惕，否则就会使翻译语言中语用内涵所表达的言语表达效果与讲话者的初衷大相径庭。此后，刘先刚(1993)根据 Leech 的交际原则，即合作原则和礼貌原则，谈到了当口译中出现疏漏的时候，可以采取续译和相应的弥补办法，如对不符合语用对等准则的翻译作简单的解释性描述，对较长、较啰唆的原文进行提纲式的归纳以及通过交际原则和言外信息对原文作出恰当的预测，以达到更好的翻译效果。这是国内首次尝试将国外较为成熟的语用学理论与口译实践相结合，并且使用真实语料对论点进行了解释说明。之后，相关阐述语用学与口译联系方面的论文层出不穷，其研究重点主要放在三个方面：(1)语用学理论与口译研究的紧密联系。(2)语用能力在教学中的体现。(3)从语用学角度对口译员身份的探究。

在语用学理论与口译研究相结合方面，廖开洪(1999)探讨了"合作原则"在口译中的作用。他认为，合作原则可以帮助口译人员有的放矢地在讲话者和听话者之间建立起某种合作关系，使听话者能接收并理解讲话者传递的信息或特殊意义；同时，合作原则可以作为一种有效的标尺，依照质、量、关联、方式的准则来衡量口译的质量。对于口译能力在口译过程中的重要性，周红民(1999)讨论了用户语用能力与口译的关系，通过口译员突破文化背景差异能力、语际转换能力、临场变通能力和言外信息的辨别能力四个方面说明了语用能力对提高口译质量的重要性，同时也简要介绍了提高个人语用能力的方式，如进行充分的译前准备、从实践中进行总结反思、主动了解源语国家文化以及进行语用能力自检。曾文雄(2002)指出，口译行为是一种动态的交际过程，所以口译员需要顺应这样的过程。为了实现这一顺应，口译的语用流利性即论文必须在语言、文化、语用、会话等层面进行对等，再现源语的实际内涵，并提出口译的语用流利性主要通过语境、文化因素以及语用负迁移等方面得到实现。刘正霞、臧华(2011)则分析了口译过程中的元语用功能，其语用功能主要可以概括为反射性、实据性和语境化。

对于口译教学中语用能力的重要性，陈小慰(2005)指出语用能力，即语用语言能力与社交语用能力是口译这种交际活动成功的关键。在口译教学中，需要通过引入语用学知识以建立相关语用链接以增强学生语用意识与能力，最终在口译实践中解决好语言信息忠实与语用得体之间的矛盾，使译文符合目标语表达习惯，从根本上提高学生的口译水平。而鲍晓英、钱明丹(2013)则从实证的角度证明学生口译语用能力培养的建构已经成为必须：通过问卷调查，了解到目前口译教师对学生语用能力的培养重视程度不够，通过口译测试，发现目前学生口译语用能力较为欠缺等实际问题，并提出了以口译教材为基础，增加语用研究的导入；以口译教师为主体，提高教师自身的语用意识，树立长期培养口译学生的观念；以教学为手段，通过教学加强学生的语用语言能力和社交语用能力的培养，构建以学生为中心主题的情景教学模式。

对于口译员在口译过程中的语用身份研究，莫爱屏（2010）指出口译员主体性意识最主要表现方式之一就是译员对源语进行选择性的顺应，包括顺应源语话题、信息结构以及超越源语的意义不确定性。莫爱屏（2014）又进一步指出，不同视角转换具有不同的语用功能：意象关联转换帮助口译员表达原文中包含独特语言、文化和社会特征的信息；人称/物称预设转换帮助口译员准确传达讲话者的交际意图；正反连贯转换帮助口译员调整话语理解与产出的角度，以强化译文的易理解性和连贯性。在国外相关期刊上，Zhan（2012）对人称代词在政治性对话口译中的人称变化进行研究，指出口译员应尝试摆脱口译规范和规则的束缚，以更好地履行交流中"媒介"的职责。Cheung（2012）通过对中国香港法庭口译的语料研究发现，粤译英过程中几乎很少从第一人称描述到转述性引语的转变；然而英译粤过程中有一定数量的相应转变，其目的主要为实现相关语用功能以及实现更顺畅的交流等目的。

相关研究的显著特征为：采取成熟口译理论与语用学理论相结合的方式对口译中语用能力的必须性进行了论证，以真实口译案例或调查测试等方式对语用功能进行了分析，部分研究也介绍了如何培养或提高口译员的语用能力。采取理论分析、定性与定量相结合的方式，对口译过程与语用的紧密联系进行了阐述。

二、基于关联理论的口译研究

口译是一种跨文化、跨民族的语言交际行为，所以用来解读交际的关联理论对口译动态交际过程有着较强的解释力，通过关联理论，我们可以更好地了解交际活动的主体——口译员在交际过程中的认知努力，以及口译员与讲话者及听众的语境认知上所作出的理解与预判。不同于大多数关联理论的研究对象——讲话者与听众，在口译过程中，关联理论的研究对象为口译员这一单一群体。但是口译员在整个口译过程中，却扮演了两种不同的角色：一方面，口译员需要通过相关语境来对讲话者的最佳意义进行理解；另一方面，口译员需要通过对听众认知语境的判断和预测来对译语进行明示。在这样一个对原话语进行重构的复杂过程中，我们还不能忽视两个重要因素的存在：其一，口译员在同传或者交传中，由于较大工作强度、精力分配和语言能力不足等原因，除了进行话语的推理—明示外，还需要对整个口译过程进行协调，也就是 D. Gile(1995)在口译过程中增加的协调步骤。其二，口译员对话语进行推理—明示中，两个阶段所基于的语境是不一样的。进行话语推理和理解的过程中，基于的语境是已经明确的讲话者源语的文化语境；而进行话语明示和生成的过程中，基于的语境是口译员对听众母语文化语境的预测。由于讲话者与听众所使用的语言不同，所以话语的推理—明示这两个阶段中，口译员所基于的语境是完全不同的。所以口译员如何在极短的时间之内在两个语境中进行切换，如何通过译文来填补这两个语境间的差别，是之前学者没有尝试解决，但是又对口译员在口译过程中的思维过程解读有着重要意义的问题。

在整个口译过程中，口译员的话语认知步骤、寻觅探究过程以及摸索推敲程式都离不开对语境假设的判断和选择。理解话语、建立相关语境、选择最佳意义，不是一个被动的过程，而是一个复杂的、对话语信息进行重构的认识过程。当口译员根据相关语境建立了自己对原讲话者的最佳意义的理解后，就要充当说话人，利用自己掌握的知识，诸如原讲话者的观点、信念、态度、兴趣等，对语境进行审度推断并作出选择，再根据对听众认知环境的预测和判断，选择恰当的语言形式，准确无误地把讲话者的意图传递给听众。

纵观现有关联理论在口译中的应用研究，目前主要涉及：(1)单个口译策略，如口译笔记、口译理解和口译推理。(2)整个口译过程较为主观的分析。(3)关联理论与口译教学的关系。

（一）关联理论对口译策略的指导

关于关联理论对单个口译过程或技巧的解释，芮敏(2000)指出口译员如果能够调动自身认知，善于建立相关语境假设，就能快速而准确地获取最佳语境关联，从而达到对原文的最佳口译理解。黑玉琴

(2003)指出语言意义离不开语言环境,所以口译员必须要了解与讲话者相关的各种因素,同时在听的过程中选择恰当的语境假设,寻找话语中的关联,从而正确理解话语。在很多情况下,这些能力和已有的知识可以在某种程度上帮助口译者推测不熟悉的单词和表达法的意义。此外,讲话的场合、气氛和时间等语境要素也在一定程度上影响着口译员对所译内容的认知和理解。齐涛云(2011)将口译交际过程分成两轮,在这两轮交际中,口译员分别扮演听众和讲话者的角色。在第一轮交际过程中,口译员面临着较多挑战和认知负荷。如果基于关联理论记录更为合理的笔记,可以使得口译员记录的内容变少,帮助口译员整理思路,使得笔记本身更加容易辨认。

(二)关联理论对口译过程的指导

关于关联理论对口译过程的指导,杨跃、齐涛云(2008)提出,只要口译员善于捕捉交际中各种有用信息,并积极调动其知识储备,巧妙运用口译推理策略,就可以获得足够的语境效果,确定讲话者的交际意图,为口译交际效果的最大化提供良好前提。孙利(2013)以关联理论的角度通过图示的方式对口译过程中的听力理解、口译意义存储阶段和口译表达阶段中口译员的思维过程作出了解读与分析:在听力理解阶段,译员先通过认知语境寻找最大关联,选择合理语境推理讲话者的交际意图;在记忆阶段,言内知识与言外知识有机结合后,理解并记忆源语实际意义;在表达阶段,通过对听众认知语境的预测来建构译语的最佳表现形式,尽量将最有效的译语形式明示给听众。同时,基于口译过程中口译员的思维过程和所需技能,对口译教学提出了四点建议:重视"过程为导向"的口译教学模式;优化口译过程中听力的训练方式;重视百科知识摄入;重视跨文化意识培养。

(三)关联理论对口译教学的指导

关于关联理论如何促进口译教学,吴磊(2006)指出,在口译教学中教师可以利用关联理论培养学生基于语境对原文进行快速而准确的判断,并给出恰当目标语的能力。例如,可以在口译教学中加强学生听力预测和猜测能力的训练;训练学生快速的双语转换能力、语言模块预知能力以及听词取义翻译的能力。

三、口译中的语用失误

作为语用研究的重点之一，许多学者从不同角度对语用失误在口译中的成因、分类及避免语用失误的方式进行了讨论。相关研究主要针对整个口译过程或某个领域的案例进行分析，或者是某个特殊语言现象在口译中的语用失误。

对于口译过程中产生的语用失误，汪滔(2002)以Thomas(1983)提出的语用失误理论为指导，对两种最常见的语用失误：语言使用失误和社交语用失误进行了分析，并指出了语用失误的成因：语言使用失误的主要原因为英汉互译的生硬对译，忽略了两种语言之间的巨大差异；套用汉语的表达结构，使得外国听众对源语的实际语用功能产生错误理解。社会语用失误主要是由忽视文化差异的"套话"在译文中的错误滥用、对文化价值观的忽视以及在翻译中没有进行适当的取舍所导致的。秦红(2003(1)、2003(2))指出了在商务谈判中口译语用失误的表现形式，即语音、词汇以及语用层面上的语用失误。语言运用方面的失误主要由滥用完整句和跨文化知识缺乏所引起，而社交语用失误则大多因为文化差异和同义结构所使用场合的混淆。究其根本原因，还是由口译员语用能力、话语理解能力及相关专业知识薄弱而引起的。

除比之外，许多学者也针对某种特殊的语言现象在口译中的语用失误作出了分析，如白海瑜、惠春琳(2004)分析了模糊语的语用功能及其语用失误，其语用失误可归结为中西方思维方式、语义界限的不同。陈夏芳(1997)通过对比英汉两种语言之间称呼语体系的不同，分析了在跨文化交际中由于称呼语的误用而导致的语用失误现象。陆建平、简庆闽(2001)、陈淑莹(2006)从语言语用失误和社交语用失误的角度分别对旅游口译和标示语口译中出现的语用失误进行了分析。

上述研究大多基于Thomas(1983)的语用失误理论，通过真实的口译案例，从宏观的角度(口译过程)或微观的角度(特殊语言现象)对口译中的两种主要口译失误——语言使用失误和社交语用失误作出了分析，其语用失误主要成因可归结为：(1)固定搭配的生搬硬套。(2)缺乏对英汉语言差异的认识。(3)跨文化意识的缺失。其中前两个原因主要是双语能力不足，第三个原因主要是语用功能和文化意识的缺陷。

四、口译中的语用功能

有关国内外口译过程中的语用功能研究，绝大多数都是针对某一个特殊语言现象在口译过程中的语用功能进行分析。如陈振东、黄樱(2004)从语言的模糊性特征着手，对口译中的模糊信息的语用功能进行了分析，具体功能有：(1)在口语表达中填补停顿。(2)使语言表达委婉、灵活，避免绝对化。(3)传递微妙复杂的信息，使语言更具有概括性，避免产生漏洞。并且基于上述的语用功能对模糊语在口译中的翻译策略作了分析，共有直译、意译、省略、补充和汉语化五种口译策略。李凌(2006)强调了话语标记语在会议口译中的重要性，在会议口译中话语标记语可以帮助口译员迅速理解并准确传达源语的信息，提高口译质量。在口译输出中，话语标记语也可以引导听话者明确说话者的意图，减少听话者理解时所付出的努力和代价。许明武(2009)则分析了口译附加语的语用功能，通过真实口译案例，归纳出口译附加语的五种语用功能：(1)增强连贯性和逻辑性。(2)填补沉默功能(缓延标记语)。(3)纠正错误。(4)协助交流作用。(5)模糊和变通。国外相关的学者，如Christelle Petite (2005)，Setton (1999)，Van Besien和Meuleman (2004)从语用功能的角度对同声传译过程中的补救机制进行了分析。

关于口译过程中语用功能的大多数研究都是通过真实案例，对口译过程中的某种特殊语言现象(如话语标记语、口译附加语和口译中的模糊语)等进行定性的分析，不同的语言现象在口译中的语用功能也不尽相同。但是大多数研究缺乏定量的数据研究，如各种语言现象所产生的各种类型语用功能的比例并没有出现在研究结果中；同时，由于篇幅和研究内容所限，大多数研究仅仅研究了口译过程中某种语言现象的语用功能，整个口译过程中的语用功能并没有系统性地精心描述；此外，大多数的研究主要研究了语用功能本身,但是对于口译技巧、口译输出与语用功能的联系,并没有给出较好的解释。

第四节 现有研究存在的不足及缺陷

通过总结可以发现,不论是何种形式的口译,将原文翻译得准确并使得听众易于理解是最重要的任务。有关口译技巧及口译策略的相关研究已有相当的数量,但是口译员如何对话语进行明示,从而让听众更好地理解话语成了口译研究中较为重要但却被忽视的领域。现有研究中,大多数有关明示话语的研究都在探究其在言语交际中的作用,而明示话语在口译中的应用研究较少。

根据近三十年语用功能相关研究的统计发现:研究方法逐渐从定性转向定量,基于例如词频、构词法等统计数据来分析语用功能等较科学的方法将会更多使用。研究语料也逐渐从没有限制的语料到更加系统、科学的语料库。研究对象主要偏重语言现象以及语言学的研究重点,例如二语习得、翻译、认知语言学以及文学等,而言语交际的重要组成部分——口译的相关研究在质和量上都存在不足。现有大多数研究均基于语用功能的研究,但是其结果如何促进交流更高效地进行,只有少数研究提到。

与此同时,现有的大多数有关口笔译语用失误的研究中,其成因中最为重要的一点为语用能力以及跨文化意识的缺失,所以通过研究口译过程中的语用功能,从而了解口译过程中的交际策略和跨文化交际策略成为避免语用失误,实现更好交际效果的重要手段。

然而,在现有的语用翻译策略中,大部分是基于理论而讨论的理想的翻译方式和标准,如文化转向、关联理论、顺应论和跨文化意识等,但是这些研究往往理论性过强,缺乏较多的例子证明,同时大多数研究并没有从语境和语用功能的角度来对翻译方式和标准继续解读,但是翻译策略的讨论并不可以脱离文本和案例本身而进行。

通过对现有相关口译过程中语用功能研究进行总结,我们可以发现大多数研究都较为微观，且部分研究所使用的语料并非真实口译案例，多是从课本或日常教学总结得来，并没有真实语料那样让人信服；而少数研究是基于真实案例，但又仅仅通过定性的方式对语用功能进行分析，几乎没有基于真实语料库的定量研究。在大多数的语用功能研究中，没有太多理论框架对研究进行指导，还仅仅停留在就事论事的逻辑分析上，同时大多的语用功能研究在对语用功能的分析结束后就此打住，并未指出其研究结果对口译实践的帮助。

所以，本研究基于口译语料库，对整个口译过程中明示话语的词频及分布进行统计，进而分析明示话语对促进交际有何帮助，从而对语用功能进行定性和定量的分析，并基于语用功能的研究结果和语用对等原则总结出口译策略，从而为口译教学与实践提供有力保障。

第三章 研究设计

本章首先简单介绍本研究语料库的建库情况以及筛选语料的标准，并详细介绍本研究内容的挑选途径。接着介绍本研究除常规研究方法以外所采取的其他研究方法。最后，基于文献综述中的总结和归纳，提出本研究的四个研究问题。

第一节 语料来源与研究内容挑选途径

一、语料来源

语料库实证研究由于其相比传统分析描写型研究更加客观、科学，并且可以通过数据统计的方式来获取传统语言学研究难以获得的结果而受到语言学学者的偏爱。由于前人的语用功能研究大多是基于传统的定性研究方式进行，为了深入挖掘更多有关语用功能的相关结论，本书采取语料库方式对口译过程中的语用功能进行定性与定量相结合的研究。

口译过程中语用功能的分析必须基于较高的译文质量，而且本研究的研究范围包括同声汉英传译以及交替汉英传译。提到高质量的汉英交替传译，非"两会"总理记者招待会莫属，由于其受到全球媒体、全国人民的关注以及其场合的重要性，每年的交替传译译员都由外交部最优秀的口译员担任，而且中文原文资料均可在国务院的官方网站上下载，并且相关视频文件也很容易在网上搜索得到，得以成为汉英交替传译所研究的语料。所以，本研究选用1998—2014年"两会"总理记者招待会汉英交传过程中语用功能的研究语料库（其中第六章第三节转述动词部分选用语料来源于2002年至2016年的"两会"总理记者招待会)。

二、研究内容挑选途径

口译过程中所涉及的语素过多,在本研究中无法涵盖其所涉及的所有语素。在研究开始之前,需要通过各种方式选出最重要、最具代表性,同时也是研究者以及口译实践与口译教学者所关注的重点并覆盖到口译的整个过程。

根据关联理论,话语交际的过程是明示—推理的过程。而莫爱屏(2003)也提到过交替传译中有"讲话者—译员—听众"三元关系。将话语交际与口译交际相结合,得到口译过程中话语交际的过程(如图3-1所示):

图3-1　口译过程中的话语交际模式

通过上图可知,口译员在交替传译过程中话语的处理总共分为三个阶段:对讲话者明示话语的推理、推理后信息的双语转换,以及对听众输出的明示话语。其中,讲话者明示话语的推理阶段涉及讲话者所使用的明示话语;推理后信息的双语转换涉及讲话者和口译员均使用的明示话语;听众输出明示话语阶段涉及口译员使用的明示话语。在这三个阶段中,口译员均会碰到不同类型、不同程度的难题。为了选出最适合的研究内容,本研究采取了现有研究关注点、论文标题高频词,以及每阶段所使用明示话语特点分析的方式相结合来选择语素。

讲话者使用的明示话语主要是指汉语讲话者所使用的,主要目的是为了提高交际效率的语言。其主要难点为英文并无直接对应,且翻译难度较大。提到口译理解阶段的最大难题,大多数学者(彭漪、张敬源,2002;黄友义,2004;李学兵,2005)都将文化差异列为其中,并在例子中均提到了具有中国特色的词汇。同时,以"汉英口译"为关键词在CNKI数据库中进行搜索,发现对中国特色词汇(包括文化负载词)以及隐喻的汉英口译技巧提及频率也较高。所以中国特色词汇将会成为本研究中进行讨论的首个语言要素。与此同时,也有较多的研究者将认知语境放入口译理解的重大难题上,隐喻是最为依赖语境理解的语言现象,也是近20年国内外研究最为热点的话题,在CNKI数据库中,以"隐喻"为关键词搜索文章标题,共得到18110篇论文(截至2016年2月17日)。如此惊人的数字,加上隐喻本身在口译中出现的高频率,本研究也将隐喻纳入研究内容之中。最后,用于表达汉语讲话者语气的语气助词在汉语表达中极为重要、现有研究分歧较大且在英文中无对应的表达手段。以"语气词""语气助词"以及常见语气助词"啊""呢""吧"等为关键词搜索文章标题,在CNKI数据库中也得到了近4000篇论文(截至2016年2月17日),因此将语气助词确定为本环节中的第三个研究对象。

口译员使用的明示话语主要为源语中没有对应,口译员显化而出以帮助听众理解以及弥补汉英语言文化差异的语素。汉译英中显化的主要动因之一便是汉英的语言差异,而汉英语言的最大差异之一则为语言的连接方式。作为标示话语之间各种逻辑或时空关系的词或短语,话语标记语在英文中对句子串联有着重要的意义。同时,话语标记语也是研究热点,在CNKI中搜索标题中含有"话语标记语"关键词的论文,共得到1381篇论文,并且也有一定数量的话语标记语增译和显化的相关研究,所以话语标记语为译语明示阶段中的第一个研究对象。其次,在所有语用功能相关研究中,模糊语是最热门、研究数量最多的语素。在CNKI数据库2367篇篇名包含了"语用功能"的论文中,有545篇讨论了"模糊"相关的语素的语用功能,所占比例接近20%。而且在本研究语料库中,记者招待会这种政治性较强的言语交际活动会因为涉及国家利益及立场,不可避免地使用乃至显化一定数量的模糊语以实现特定的语用功能,所以将模糊语确定为本部分中的第二个研究对象。

讲话者与口译员均使用的明示话语虽然同时存在于汉英两种语言

中，但由于这两种语言本身的差异以及语言文化的差别，许多语言现象在进行双语转换的时候不可以简单地进行直译，而需要进行增减和转译。从语用学的角度来看，语用学家主要是研究语境下的语言使用与理解，而指示语正是直接反映语言与语境之间关系的表达，所以从狭义的角度讲，语用学就是指示语的研究（Green，1989：87）。由此可见，指示语及人称指示语在语用学研究中有着举足轻重的地位。同时，人称指示语在交替传译这种话语交际中也起着极为重要的作用：几乎每句话都有主语的存在，而主语除了原指，也就是姓名、地名之外，都会采取人称指示语来替代原指，考虑到直呼姓名在交替传译这种较为正式的场合非常少见，所以人称指示语几乎出现在汉英交替传译中的每句原文或译文中，所以将人称指示语选为信息双语转换环节上的第一个研究对象。与此同时，情态动词也一直都是语言学研究的热门话题，国外学者对情态动词的研究之多，乃至于"进行任何研究就像在拥挤不堪的房间里动一下就会踩了别人的脚"（Perkins，1983：4）。同时，在 CNKI 数据库中共搜索出 1051 篇标题中包含"情态动词"的论文（截至 2016 年 2 月 18 日），说明情态动词同样引起了国内学者们的关注。而且，情态动词作为表示讲话者对事物看法、态度和设想的词汇，其在句子中的重要性和复杂性都是不言而喻的。加上情态动词与其汉语中对应的助动词意义和用法的差别，所以情态动词也是本书的一个研究对象。

第二节 研究方法

本研究中，除了传统的分析、描写、解释和理论阐述外，还采取了以下的研究方法：

（1）建立汉英口译语料库。根据本研究需要，分别建立汉英交替传译语料库与汉英同声传译语料库。交替传译语料库中语料选自 1998 至 2014 年每年"两会"期间国务院总理的记者招待会语料，共 17 场，242131 字/词（中文 140657 字，英文 101474 词）。时长为 1853 分钟。语料以我国政府官方网站及相关网站的文字资料为基础，加以人工转写核对后建成。

（2）定性与定量相结合。通过前人各类语用功能分析中研究对象的出现频率，以及已有的口译策略所涉及研究热点的分析总结；结合现有的对口译教师、学生口译员在口译教学及学习中，以及职业口译员在口译实践中口译难点的调查分析；还有本研究之前对口译学习者和口译员的调查结果，最终确定本语用过程研究中所涉及的语素：既是现有研究的关注重点，也是通过问卷调查中确定的口译学习者以及职业口译员公认的口译难点。

（3）学科互证。建库并确定研究对象后，通过 Wordsmith 软件以及人工比对的方式将所需要研究的语素找出并进行标注，并对相关词频进行统计。然后借助上下文、原文译文出现的词频差距，以及相关文化社会背景知识，从语用学、翻译学的角度分析口译过程中各类语素的语用功能。最后，根据语用功能以及词频来确定语素的翻译策略，或者是语用功能的实现方式。

第三节 研 究 问 题

纵观现有的语用功能研究，大多数都停留在单个类型词汇的语用功能研究，很少基于某种语素，或者尝试对比不同类型语素在话语中的语用功能的异同。而现有的口译语用功能研究大多数是对某种语素，如话语标记语、模糊语、人称指示语等在口译中的语用功能，并没有研究尝试将整个口译过程中所有的语用功能进行梳理。

与此同时，现有口译过程中语用功能的研究方法存在两个较大的问题：其一，多数语用功能的分析都是基于学者们想象的语料进行，既没有采取真实可信的语料，与此同时，语料之间也不存在关联性和系统性。其二，众多研究只是通过定性的方式来分析某个词在例子中的语用功能，而通过语料库定量研究各种语用功能在口译中的分布并没有涉及。

现有的语用功能研究中，大多数研究都止于语用功能的分析上。极少数的研究提到了语用功能的分析结果对日常交际以及课堂教学的指导意义,更少数的研究提到了语用功能对这些语素翻译技巧的指导意义。但是对于这些语用功能是如何出现的,语用功能与这些语素出现频率相结合对翻译策略有何指导意义,却鲜有相关研究提及。

基于上述现有研究中存在的不足和空缺,本研究旨在研究以下四个问题:

(1)口译过程中各类明示话语在本研究中的频率与分布如何?

(2)口译过程中各类明示话语的语用功能如何?

(3)口译过程中的各种语用功能对口译效果、听众接受度有哪些帮助?

(4)口译过程中各类明示话语如何基于语用功能对等的原则进行翻译和显化?

第四章 讲话者使用明示话语的语用功能与口译策略

第一节 中国特色词汇

随着社会发展的日新月异,富有中国特色的词汇表达也层出不穷。这些词汇往往既带有独特的时代气息,又富于深厚的历史文化底蕴,且能够用概括性的语言传达出丰富的含义,深受众人青睐。然而,由于中国与英美等国的文化差异以及英汉两种语言在语法、词义范围、表达习惯等诸多方面的差异,要忠实贴切地翻译出这类中国特色词汇有很大的难度。

正如蒋丹(2013)指出:"我国领导人在政治活动和外事场合中的言论或是以文字形式发表的文件都是外国人了解我国经济发展和政策走向的主要来源。"对领导人发言的口译如若失误则会造成世界对中国国情与国策的误解,甚至可能给中国的国际形象带来不可挽回的损失。因此,总理记者招待会等官方发言的口译工作的重要性不言而喻。而口译作为即席性非常强的活动,对议员的事前准备和临场反应要求极高。在各类外事活动中频繁出现且不断更新的中国特色词汇又进一步增加了口译的难度。所以对中国特色词汇的口译策略研究有助于提高口译员的翻译效率和翻译水平,能在对外宣传工作中发挥重要作用。

纵观现有中国特色词汇研究,大多数研究集中在汉语与其他语言的构词方法对比研究(徐新红,2008)、汉语本身构词法(郭鸿杰、周芹芹,2003),以及某项构词方法的具体研究(赵艳,2014)上。对于其语用功能的研究也极为有限,如范勇(2010)以《纽约时报》2009年上半年所有关于中国方面的报道为语料,梳理和分析了其中中国特色词汇的各种翻译策略,并通过定量分析证实了这些翻译策略的总体异化倾向;邓毅婷(2010)讨论了几种常见的翻译方法在实践中的运用,并强调了英汉互译时的词序问题;龙丽超、周雪婷(2011)结合切斯特曼的基本翻译伦理模式,从物质和精神的角度把中国特色词汇划分为四个类别,并分别讨论了其翻译策略;谢梅丹(2013)将"中国领导人的讲话"作为语料,分析出外事口译中中国特色词汇英译中存在的问题——"形、义"难以两全,并针对该问题给出了相应的解决方案;蒋丹(2013)以2009年至2013年的《政府工作报告》为语料,把中国特色词汇分为中国特色词语、数字缩略语和连珠四字结构并分别进行定量分析,得出不同的直译、意译方法上的倾向和归异化倾向。

以往的研究大多没有对中国特色词汇进行分类或者仅仅是按照文化特点进行分类,缺乏对其构词方式的研究。与此同时,多数研究没有把对政治性对外宣传工作中的中国特色词汇的语用功能的研究和翻译策略联系起来,缺乏承接性。再者,多数对中国特色词汇翻译策略的研究缺乏与口译技巧的联系性,对于口译实践的帮助不大。鉴于以上不足,本部分将基于本研究所建立语料库的方式对中国特色政治词汇构词方式进行定量研究,分析其语用功能,并基于数据对中国特色政治词汇的口译策略进行深入研究。

一、中国特色词汇的构词特征与频率

对于中国特色词汇,很多学者有着自己的界定。刘明元(2012)将其描述为"汉语语言中独特的语言现象,用于表达中国的特有事物",赵弛(2014)则将其定义为"中国语言独有的表达形式,包括一些概念、政治术语、短语和民族特色鲜明的词语"。本章中所探讨的中国特色词汇界定为基于中国特色文化、社会、人文环境所产生的,能表达中国特有事物和反映基本国情的词汇,并收录在由中国最具影响力的英文纸媒《中国日报》编辑部所著的《最新汉英特色词汇词典》第六版中的词汇,共计 200 个。根据汉语常见构词方式，中国特色词汇共分为以下 7 种（如表 4-1 所示）：

表 4-1 中国特色词汇构词特征

构词方法	数量	比例	举例
缩略成词	31	15%	"三通""一国两制"
词缀成词	10	5%	"服务型政府""老百姓"
偏正成词	42	21%	"弹簧门""菜篮子""廉租房"
主谓成词	16	8%	"港人治港""村民自治"
动宾成词	28	14%	"解放思想""开好局"
并列成词	33	17%	"公平正义""统一、主权，领土完整问题"
固定搭配	40	20%	"让人民共享改革发展成果""全国人民代表大会"
共计	200	100%	

在汉语中，合成法是所占比重最大的一种构词法。包括偏正、主谓、动宾和并列四种构词方式。在中国特色词汇的构词方式中，合成法总计占 60%。由此可见，中国特色词汇的总体构词方式仍与汉语词语的整体构词方式相一致。而在合成法中，偏正成词最多、主谓成词最少的构词方法分布情况与中国特色词汇的严肃性、宣传性、政治性与国家代表性密不可分。其中，偏正成词的方式有二种：第一种为定中结构，其中修饰词叫定语，被修饰词叫中心语，如"廉租房"和"深水区"。第二种是状中结构，即修饰词叫状语，被修饰词叫中心语，充当谓语。如，"宏观调控"即一个字(词)是主要的，另一个字(词)是修饰这个字的，二字的地位不同。并列成词是两个同等性质词语并列组成的词。在六类构词方法中占第二大比重，通过观察不难发现，中国特色词汇中"名词+名词"结构基本采用并列成词的方法，比如"公平正义"。

缩略语的大量产生是现代汉语的一大发展趋势。(郭鸿杰、同芹芹，2003）而在中国特色词汇中，缩略成词也是除合成法之外占比较大的一种构词方式。缩略词包括"数字+关键词"以及"只提炼关键词"两种类型。例如"三通"为"通邮、通商、通航"的缩略，采用了"数字+关键词"的方法，"一国两制"为"一个国家，两种制度"缩略，采用了"只提炼关键词"的方法。缩略词在现代汉语中所占比例较少，但随着时代的发展，要求语言的信息量增大且传递快速，故在现代汉语新词中出现快速增长的现象。中国特色词汇属于在特殊文化与政治背景下出现的专用新词，缩略词在其中所占的比例也大幅增加。究其原因，是由中国特色词汇的具体使用环境决定的。由于本语料库的正式性和场合的重要性，故对发言的简洁性要求较高，对其包含的信息量也有一定要求。缩略词的使用能大大提高表达的简洁性，同时也可以用更少的字包含更多的信息量。例如"三通"即"通邮、通商、通航"政策的简称，在表达上由原来的六个字省略到两个字，很大程度上提高了语言表达的简洁性，同时"三通"这一惯用表达在生活中较为常见，容易被中国民众与记者接受。

二、中国特色词汇语用功能

本部分通过观察和总结，提炼出中国特色词汇的四个主要语用功能，分别为宣传国家政策、表明国家立场、增强语言简洁性和增加语言生动性，其具体分布如表 4-2 所示：

表 4-2　中国特色词汇语用功能分布

语用功能	出现次数	所占比例
宣传国家政策	116	58%
表明国家立场	51	26%
增强语言简洁性	22	11%
增加语言生动性	11	5%

从语用功能看，有超过 80% 的中国特色词汇都是帮助讲话者更好

地表达中国立场并宣传中国的国家政策，所以从某种意义上来说，大部分的中国特色词汇都是讲话者讲出以帮助听话者更好地理解原文，从而提高交际效率的词汇，具体分析请看以下部分：

(一) 表明国家立场

在"两会"的记者招待会中，总理经常需要阐明中国对待各种国际国内问题的看法和态度，声明中国观点，向其他国家表明立场。借助中国特色词汇，总理可以表明国家的态度与观点，如：

(1) 李克强总理：政府应当**铁腕执法，铁面问责**。(2013)

法国记者对如何治理中国环境污染和保障食品安全等问题进行了提问，这两个方面的问题是中国在经济转型期间面临的主要问题，同时记者又提到政府和社会公众对于环境污染和食品安全的监管问题，这在当时的形势下是比较敏感的。对此，李克强总理在回答环境治理有关措施时，表示对于企业不正当行为政府要"铁腕执法""铁面问责"。两个"铁"字表明中国政府在实现对社会问题进行有效监督上的决心和态度，向社会公众展示了对待违法企业的举措，立场明确，掷地有声地向国内外阐明了中国将如何对待违法及腐败行为。

(2) 温家宝总理：我们坚持"**共同但有区别**"的原则是完全正确的，我们将继续同世界各国一道推进应对气候变化的选择。(2010)

美国记者提到，中国代表团在2009年12月哥本哈根气候大会上表现傲慢，并且有拒绝参会的行为，记者就这两方面的问题希望中国政府给予回应，并希望了解中国政府是怎样看待哥本哈根气候进程的。温家宝总理借此机会澄清了当时状况，并对中国在气候问题上的立场发表了看法和言论。在陈述完当时中国代表团面临的状况和为大会所作出的贡献之后，温家宝总理向国际社会总结了中方对于携手面对气候问题的态度。中国政府坚持"共同但有区别"的原则，愿意同国际社会一道推进应对气候变化的过程，中国政府用"共同但有区别"的原则声明了在气候问题上本国的立场，也向国际社会表达了中国政府的态度。

(二) 宣传国家政策

在"两会"记者招待会中，中国政策及立场的表达是必不可少的。

借助中国特色词汇,可以更好地向其他国家介绍国家政策方针,宣传中国国情、发展水平、经济实力和综合国力等,为中国在国际舞台地位的提升提供宣传渠道,为他国了解中国提供宣传途径,从而实现其宣传国家政策的语用功能,如:

(3)温家宝总理:我想在这里再次强调,我们将坚持"**一国两制**" "**港人治港**" "**高度自治**"的方针,严格遵守基本法。(2011)

香港地区记者希望了解政府对于香港发展的定位、政府对于目前香港发展的看法和对香港目前出现的一些矛盾的应对措施。在回答中,温家宝总理对于这些问题一一作答,解释了在"十二五"规划中对于香港的定位,阐明了香港目前需要解决的问题,再次强调了中国政府对于香港地区坚守"一国两制""港人治港""高度自治",这些都是国家对特别行政区的政策和方针,在温家宝总理答记者问中强调这些政策一方面向香港地区记者表明了中央政府的态度,另一方面为国际社会进一步了解中国相关政策提供了更加便利直接的途径。

(4)温家宝总理:今年我们继续大幅提升粮食最低收购价,我们正在积极稳妥地实行**户籍制度改革**,让符合条件的**农民工**进城落户。(2011)

新华社记者就农民收入增长的意义进行提问,并希望了解这种增长趋势能否保持下去。在回答中,温家宝总理首先肯定了农民收入增长是令人欣慰的,同时说明了目前政府采取的措施来保持这种收入增长趋势。其中一项举措便是积极推进"户籍制度改革",这是中国政府推行的一项国家行政制度,是顺应城市化进程及经济、社会发展的一项举措。在妥善处理农民工问题时,户籍制度改革是中国政府的重要举措,在回答中提及此项制度是向国际媒体宣传此项举措的一个渠道。

(三)增加语言生动性

虽然总理答记者问中的词汇严谨严肃,代表国家形象和人民群众,但也需要使用中国特色词汇使得语言更加形象生动、便于理解、朗朗上口。

(5)李克强总理:至于你刚才说到改革进入了**深水区**,也可以说是攻坚期,的确是因为……(2013)

记者希望了解在如今改革进入"深水区"的情况下,政府该如何继续改革，着力点又在哪些方面。李克强总理陈述了当下改革的主要着力点和有关方面的措施，最后对攻坚时期的改革形势作出了总结。"深水区"是对改革攻坚期的形象化表达，最初提出改革开放是"摸着石头过河"，如今在相同的河水中我们步入了更富挑战性的阶段即"深水区"，此处特色词汇的使用使得表达更加生动。

（6）温家宝总理：也就是说要坚持**米袋子**省长负责制，**菜篮子**市长负责制。（2011）

美国记者提到了中国的通货膨胀问题，强调了通货膨胀对民众生活产生了一定影响，希望了解中国政府会采取哪些措施来应对此问题，最后想知道中国政府会不会考虑让人民币升值来应对通货膨胀。温家宝总理在回答有关措施时，提到了三点内容，最后一方面是在应对物价、房价上涨时，要加强地方政府的责任，物价上要坚持"米袋子省长负责制，菜篮子市长负责制"，此处的"米袋子"代表粮食，"菜篮子"代表蔬菜，米袋子和菜篮子是粮食和蔬菜的盛放物品，用这两者代指粮食问题和蔬菜问题增强了表达的活泼性，单单讲粮食与蔬菜问题显得严肃，而用借代的方式更显得亲民易懂。

(四) 增强语言简洁性

中国政治特色词汇的重要特征之一是其简洁性，多用缩略词、四字词语来表达语义，言简意赅。而缩略成词也在中国特色政治词汇的构词方式中占有较大的比重，比如"一国两制"和"三通"等。

（7）温家宝总理：关于进一步发展两岸经贸关系……特别是尽快实现"**三通**"。（2008）

台湾地区记者陈述了近年来两岸关系的发展，想知道两岸之间的经济往来是否能更进一步以及中央是否会提供更多优惠服务给台湾地区。温家宝总理在回答中也肯定了近年来两岸之间往来密切，互相交流增多，两岸关系得到了很大的发展，温家宝总理提出，进一步发展两岸关系重点在于继续坚持推进两岸经贸交流，尽快实现"三通"。"三通"属于中国特色政治词汇中的缩略词，采用"数字+关键词"的方式，通俗易懂，易于记忆。"通邮、通商、通航"本是三组词语，说起来显得累赘，简化为"三通"之后浅显易懂又易于表达。

(8) 温家宝总理：我们的方针是要巩固和发展公有制经济，同时支持、鼓励和引导非公有制经济发展，就是坚持**两个毫不动摇**。(2011)

中国记者的问题是有关民营企业在中国的发展。记者提出，如今的民营企业在投资和发展上还面临着许多障碍，并希望总理就此陈述看法。温家宝总理在回答中，首先声明了总体方针是坚持"两个毫不动摇"，即"必须毫不动摇巩固和发展公有制经济，必须毫不动摇鼓励、支持、引导非公有制经济发展"，在大方针的前提下再陈述如今政府的态度和举措。中国特色政治词汇中有些缩略词已经具有特殊的代表意义，使用时也一般直接使用缩略语，不需完整表述。讲到"坚持两个毫不动摇"就意味着要坚持公有制和非公有制经济的发展，将两个语句结合成了一个短语，简洁易懂。

三、中国特色词汇口译策略

中国特色词汇表达了中华文化，蕴涵了政治、经济领域的特点，在对外传播时往往很难原汁原味地向外国人传达文化内涵和代表意义。东西方文化差别大，思维习惯有差异，这两点都对中国特色词汇英译的难度有所影响。在分析中国特色词汇中英对照文本中，发现主要英译方法有直译、意译和增译。在选取的200个具有代表性的中国特色政治词汇中，采用直译翻译策略的约占85%，采用意译的约占9%，采用增译的约占6%，而减译在本研究中没有出现，如表4-3所示：

表4-3 中国特色词汇口译策略

翻译策略	数量	比例	特殊说明
直译	170	85%	几乎所有直译都保留了原文的构词方式
意译	18	9%	其中9例原文的功能为提高语言简洁性与生动性
增译	12	6%	其中6例是为了解释"增强语言简洁性"的词汇
减译	0	0%	主要因为中国特色词本身的简洁性而较难出现减译

(一) 保留源语的语言形式

直译,即在忠实于原文内容的前提下,使译文在选词用字、句法结构、语言风格等方面与原文无限接近,也可以说是最大限度地保留源语的语言形式。"两会"总理记者招待会中,中国特色政治词汇的翻译多采用直译,比例高达85%,即目标语与源语中意义可对应的词语占很大比例。国家领导人在记者招待会等正式场合的发言代表国家意志,每一个细微的用词和句法结构都可能包含重要的意义。翻译这类官方发言对忠实度、准确度的要求非常高。直译可以最大限度地保留原文的内容和结构,因此,如果原词可以在英语中找到对应词或契合词,直译应该为首选之策。与中国特色政治词汇的构词法结合来看,对直译的具体分析如下:

(9) 温家宝总理:只要坚持正确的路线和政策,我相信,在以胡锦涛为总书记的党中央领导下,我们一定能够克服困难,实现全面建设小康社会的**宏伟目标**。(2003)

译文:So long as we have the right policies and guidelines, I am confident that under the leadership of CPC Central Committee with Comrade Hu Jintao as General Secretary, we will surely overcome all the difficulties and achieve the **grand objective** of building a well-off society in an all-round way.

这是温家宝总理在2003年记者招待会上回答关于本届政府面临的主要困难和挑战的问题时的语录。他列出了五点主要困难,最后总结时说了这句话,展现了本届政府对于治理好国家的强大信心。此处"宏伟目标"是偏正合成词,在偏正结构中,如果中心词为名词,且该合成词没有负载丰富文化内涵的隐喻义,仅仅为字面含义,一般采用直译,按照"修饰词+中心词"的方式翻译。"宏伟"为定语修饰词,"目标"为名词中心词,而且如果按照原文的构词结构和意义翻译为"grand objective"也正好符合英文的表达习惯,故可直译。

中国特色词汇中有很多"谓语动词+政策方针或思想路线"的动宾结构,可以用于宣传中国政策和表达国家立场。这类复合词大范围采用直译,可以清晰明了地表达党中央及政府的政策方针以及贯彻落实的决心，如下面的例子：

（10）温家宝总理：其基本目标是：发展**社会主义民主**，完善**社会主义法制**，依法治国。（2003）

译文：The basic objective is as follows, we will develop **socialist democracy**, improve **socialist legal system**, and run the country in accordance with law.

这是温家宝总理在2003年记者招待会上介绍中国特色的政治体制改革时的语录。此处"发展社会主义民主"和"完善社会主义法制"都是"谓语动词+思想路线"，用来表明有中国特色的政治体制改革，分别直译为"develop socialist democracy"和"improve socialist legal system"，清晰明了。

汉语讲究对称美，表达中有很多的并列结构，前后两个或多个同词性的词语排列在一起，可以增强气势、拓展语义。当并列结构前后成分的含义不是完全重复时，多采用直译的方法，如下面的例子：

（11）温家宝总理：第三，要推进社会的**公平正义**。如同真理是思想体系的首要价值，公平正义是社会主义国家制度的首要价值。（2008）

译文：Third, we need to promote social **equity and justice**. As truth is the first virtue of the systems of thought, equity and justice are the first virtue of the state system of a socialist country.

这是温家宝总理在2008年记者招待会上回答未来五年将面临的挑战和定下的目标时的语录。他总结了四件事，这是其中第三点。此处"公平正义"是并列结构，前后都是名词成分，意义相近但有细微的差别，直译为"equity and justice"。

政府出台的政策方针常常是分条阐释，这样比较明确清晰，便于对照查阅。因此，中国特色政治词汇中经常有"数字+名词"的缩略成词搭配，表示一个政策或路线有几个重点，比如"八项规定""三个代表"，多数情况下为了表述的简洁性不需要说明具体内容，可采取直译的翻译策略，如下面的例子：

(12) 朱镕基总理：就本届政府现在面临着要干的几件事情可以概括为："**一个确保、三个到位、五项改革**"。(1998)

译文：If you expect me to give you some specifics, then I can just make a generalization of the tasks that this government is expected to accomplish: "**One assurance, three put-into-place and five reforms**.

例句出自朱镕基总理在1998年记者招待会上对于本届政府的具体任务的概括。由于在说完这句概括性的话之后，朱镕基总理会具体解释"一个确保、三个到位、五项改革"分别指的是什么，所以不会造成理解障碍，可以直译为"One assurance, three put-into-place and five reforms"。

(二) 维持译语、源语相对独立性

意译，即译语与源语文化背景相对差异较大时采用的一种不逐字逐句翻译的翻译策略，也可称为维持译语、源语的相对独立性。该翻译策略在各种翻译策略总和中占9%，说明在中国特色词汇中，源语中仍存在一部分与目标语意义无法直接对应而需要解释意思的词语。该类词汇在语用功能中多用于表明政府立场和增强语言生动性。这是由于该翻译策略本身就是对词汇进行解释性翻译，而阐明态度和释义的目的就是为了去解释政府采取这项举措的决心和这项举措在中国文化背景下的意义。所以当词汇具有特殊中国文化背景或本质意义不同于字面意义时，多采用此方法。同时，由于源语与译语文化背景及语言表达习惯差异较大，这种策略既符合译语的表达习惯，同时又能展现源语的本质含义。此时，采用此翻译策略可以很好地展现源语及译语的语言生动性。该翻译策略针对不同的语用功能有不同的体现，在构词法上没有特殊的体现，如下面的例子：

(13) 温家宝总理：今后20年是中国发展的一个重要战略机遇期，我们必须**聚精会神搞建设**，**一心一意谋发展**，不要丧失这个机遇。(2004)

译文：The next twenty years will be a very important period of strategic opportunities for China's development. We must **concentrate all our time,**

energy and efforts on the development of our country.

这是温家宝总理在2004年总理答中外记者问发言中针对中国未来发展方向问题回答中的一句话。其主要语用功能为表明政府的立场和期望。中文十分讲究句式对仗和朗读的韵律感，并且经常对四字词语有着显著偏好，例句中"聚精会神"与"一心一意"实际表达同一意思，如果直译则出现重复，违背了译语(即英语)讲求简洁的语言风格。将"聚精会神搞建设，一心一意谋发展"译为"concentrate all our times, energy and efforts on the development of our country"，将两句译作一句，即"全心全意谋求祖国建设与发展"，保证了源语与译语的相对文化独立性，同时也达到了表明政府立场的语用功能。除了表明政府立场之外，意译也可以实现宣传国家政策的语用功能，如下面的例子：

(14)温家宝总理："第一，建立科学民主的决策机制，重大的经济决策、重大的经济问题和重大的经济项目要经过充分论证，形成**领导、群众和专家相结合的决策机制**。"(2003)

译文：First, scientific and democratic decision-making. Before we make any major decisions on big economic issues or economic projects, we would seek opinions and views from **officials, experts and the general public** for thorough debate. In this way, we can have a **democratic decision-making mechanism**.

这是温家宝总理在2003年总理答中外记者问发言中的一句话。领导、群众和专家相结合的决策机制是我国的国家政策，它所表达的意思就是在决策之前向领导、群众和专家咨询意见。所以在翻译的时候直接译为："… we would seek opinions and views from officials, experts and the general public for thorough debate."并且通过"for through debate"来对该政策的特点进行补充解释，即领导、群众和专家是通过讨论的方式达成一致作出决定的。

前文提到，中国特色词汇在总理记者招待会中有时可以使得语言更加生动或简洁。通过直译等方式可能很难将源语中这种效果传神地表达出来，以达到同样的语用功能，实现语用对等，这时采取意译的方式可

以收到较好的效果,如下面的例子:

(15)温家宝总理:我可以明确地说,社会主义民主归根结底是让**人民当家做主**,这就需要保障人民的民主选举、民主决策、民主管理和民主监督的权利。(2004)

译文:Let me be very clear about it: Socialist democracy, in the final analysis, is to enable the **people to govern themselves**. This means we need to ensure people's rights to democratic election, democratic decision-making, democratic management and democratic oversight.

这是温家宝总理在2004年总理答中外记者问发言中的一句话。此处"人民当家做主"译为"enable the people to govern themselves"。同上文分析所言,中文常出现近义词重复。"当家"与"做主"实为同义,即"做主人"的意思。在政治领域中,人民做国家的主人,即人民有权利对国家事务作出决定,"govern"一词既具有政治特色,也体现了英语的简洁性。

(三)源语补充法

源语补充法,即翻译时在源语基础上进行补充,使译语更为完整易懂,且符合译语表达习惯。该方法在各类翻译策略中所占比例较小,约为6%。

该翻译策略最主要的目的是帮助听众增进理解,尤其是母语非中文,对中国特定的政治、文化背景不了解的听众。比如"三农政策"和"一国两制"等。所以在对此类词汇进行翻译时,对其进行补充解释是十分必要的。

该翻译策略主要用于描述国家方针、政策。国家政策多采用四字格和缩略法,故该翻译策略主要对应使用在"增强语言简洁性"的语用功能与"缩略成词"的构词法中,如下面的例子:

(16)温家宝总理:继续推进两岸经贸交流,特别是尽快实现直接**"三通"**,加强两岸经贸关系。(2008)

译文:And I have made it very clear in my government work report that we will continue to promote cross-Strait economic and trade exchanges and, in

51

particular to open the **three direct links（namely, direct mail, transportation and trade links）** between the two sides as quickly as possible.

"三通"为 1981 年叶剑英在新华社访谈时明确提出的概念，其内容为"通邮、通商、通航"。在 2008 年温家宝总理答中外记者会当中又一次出现了这个概念，虽然对于大多数人来说此概念已经耳熟能详，但为了避免在场的外国记者因为缺乏背景知识而产生误解，此处口译员将"三通"译为"three direct links（namely, direct mail, transportation and trade links）"。

(四) 源语简略法(减译)

在本研究中，此翻译方式未被使用在中国特色词汇的翻译中。其原因主要有二：首先，在语用功能中已经提到，中国特色政治词汇的特征简洁明了，多用缩略词或四字格来表达语义，言简意赅。在源语已经十分简洁的基础上，让译语更为简洁的可能性与必要性都是比较小的。其次，从理解层面来讲，中国特色政治词汇的产生本身就具有其特定的文化、历史、政治背景，对于母语非中文的听众而言在理解上已经存在了一定的障碍，所以此时在翻译时应该更多地考虑受众的体验以及他们的接受度。为了帮助他们更好地理解，翻译中则应更多地看重补充解释以帮助其理解。所以在源语基础上更加简略的翻译方法即减译未被使用。

第二节 隐 喻

一、隐喻的定义及相关研究

隐喻(metaphor)是修辞的基本形式之一。其初始含义是指超越其字面意义，从而传递转换到另一隐含意义中。近几十年来，隐喻一直都是语言学研究的重点之一。最早 Richards(1936)尝试论述了隐喻的特征及要素，Black(1962)指出隐喻会制造相似性，Lakoff(1989)尝试将隐喻的定义从一种语言现象升华为一种思维现象，而 Haliday(1994)则认为隐喻是意义的"变异"，不仅出现在词汇层面，也存在于在语法层面。

雷晓峰、田建国(2014)指出："越来越多的研究表明，隐喻是语言工作中的基本因素。"所以从某种意义上来说，解决了隐喻的理解、认知问题，就相当于解决了语言理解和认知中的一个重要问题。

在翻译领域中，隐喻的翻译一直都是研究的难点和重点。Newmark(1982：88-91)提出了隐喻的8种翻译处理方法。谭卫国(2007)从其分类和理解入手对隐喻进行了分析，进而得出隐喻需要以直译为主，意译、转译或合译为辅的策略。刘法公(2007)从喻体的意象转换的现象入手，对汉英隐喻翻译中喻体的转换是否恰当提出了衡量标准：映射是否一致以及"喻体共知"是否一致。而口译相关的研究则相对较少，其中曹丽英(2005)尝试对口译中的隐喻进行理解，陈琛与姜莉(2012)则更进一步，以隐喻的认知为根源分析其口译策略。

虽然相比明喻，隐喻对喻体的比喻没有那么直接，但是其在话语中不仅比明喻更加形象、容易理解，而且经常可以使表现手法简洁、生动，所以本研究中，讲话者所使用的隐喻大部分情况下是为了促进交际的更好进行而不是让语言更加委婉，所以也是明示话语重要的组成部分。"两会"的记者招待会话语中有着丰富的人际意义，隐喻作为表达人际意义的重要手段，会被讲话者频繁使用。所以更好地理解原文的隐喻，并在保留其语用功能的前提下翻译成英文能够加深听众对语篇的理解，从而帮助听众更好地了解中国政府的观点与态度。

现有文献中隐喻的语用功能分析大多是对英文隐喻的分析，对中文隐喻的语用分析数量较少；而且隐喻翻译策略研究中对笔译的研究较多，对口译的研究较少。现有对隐喻的翻译策略研究主要是从对语料和观察总结以及隐喻的认知喻体角度进行的，很少基于语用功能而得到翻译策略，且定性研究多，定量研究少。所以本书基于1998年至2014年"两会"总理记者招待会语料库，尝试分析汉语隐喻在语料库中的语用功能，进而定量分析隐喻的口译策略。

二、隐喻的语用功能

通过对语料库进行检索，共发现56处较为典型的隐喻。根据谭卫国(2007)对隐喻的分类并结合本语料库特征，将隐喻分为简明隐喻、半隐形隐喻和隐形隐喻三类，具体分布见表4-4：

表4-4 不同类型隐喻在本研究中的分布

隐喻类型	数量	比例	举例
简明隐喻	32	57%	外界有人说您是"**铁面宰相**"，或者说是"**经济沙皇**"。
半隐形隐喻	17	30%	历史上曾经有过这种**草木皆兵、人人自危**的时期。
隐形隐喻	7	13%	才使我们在去年的亚洲金融危机中**站得笔直**。

通过表4-4我们可以看出，相对简单、容易理解的隐喻数量较多，而半隐形、隐形的隐喻数量逐渐减少。造成此现象的原因有二：一方面是本研究所研究的交替传译场合为记者招待会，记者招待会最大的交际目的为信息传递，所以即使使用隐喻也会采取相对简单的方式表达出来；另一方面是讲话者为了便于理解，在使用隐喻时会使用提示词或是停顿、语调变化等方式对听众进行明示。

通过对其语用功能进行分析，总共找出凸显观点、简化理解、使语言生动和委婉陈词四个特点，具体分析如下：

（一）凸显观点

在记者招待会中，由于隐喻的语言更鲜活、效果更夸张，能让讲话者更明确其观点和态度。表明讲话者对其论点负责，且不留余地，例如：

（17）朱镕基总理：我现在非常地惶恐，就是怕辜负人民群众对我的期望。但是，不管前面是**地雷阵还是万丈深渊**，我将勇往直前，义无反顾，**鞠躬尽瘁，死而后已**。（1998）

译文：But no matter what is waiting for me in front of me, being **landmines or an abyss**, I will blaze my trail and I have no hesitation and no misgivings and I will do all my best and contribute, **devote all myself to the people and the country until the last day of my life**.

这是朱镕基总理回答吴小莉记者有关中国经济改革中总理心路历程

的问题。例子中的"地雷阵"意为一块布满地雷的土地,"万丈深渊"则意为朱镕基总理前方的深渊。这两个隐喻展示了朱镕基总理的勇气果敢以及他不会被地雷阵和万丈深渊打倒的决心。目标语听众对"地雷阵"和"深渊"的译语喻体了然于心,人们在面对地雷阵和深渊时感受相同。能够不顾这些阻碍一路向前的人的确足够勇敢。所以根据这两个隐喻的字面意思直译为"landmines or an abyss",通过直观的喻体来表达我国政府以及朱镕基总理个人在经济改革道路上都将碰到极大的阻碍与困难,是为了保证源语听众和译语听众有相似的感受。而后面一个隐喻中的"鞠躬尽瘁,死而后已"在英文中并无对立,加上时间的紧迫,所以在译文中隐喻被显化成为直白的表达,但是最后还是实现了原文体现总理迎难而上,为了国家竭尽全力,贡献出自己的全部力量的决心。

(二) 简化理解

许多隐喻都是我国人民在长期的社会交际与语言交流过程中积累和沉淀的产物。它们往往能够通过最简练的语言,以极易理解的方式描述原本复杂的关系、状态,如:

(18)温家宝总理:解决民生问题要首先着眼于生活困难群体。因为在中国城乡,生活困难群体占有相当大的比重,特别是农民。**一个船队,决定它速度快慢的不是那个航行最快的船只,而是那个最慢的船只。**如果我们改善了困难群体的生活状况,也就改善了整个社会的生活状况。(2007)

译文:In addressing issues related to the well-being of the people, the focus of our efforts should be on the disadvantaged groups, because these groups are fairly large, particularly in rural areas. **The speed of a flotilla is not determined by the fastest ship, but the slowest one.** Unless the well-being of the disadvantaged groups is improved, the well-being of the whole society won't be improved.

温家宝总理在解释民生问题中需解决的首要问题时,用"船队"这一隐喻向听众描述了"瓶颈理论",使得听众一听到隐喻,就能立刻明白改善社会中最困难群体的民生是提高社会民生的首要任务。无论是中文原文还是英文译文，能够让听众毫不费力地理解话语意义，就算是"语有所值"。又如：

(19)温家宝总理：第三，加强地方政府的责任，无论是物价和房价，地方都要切实负起责任来。也就是说要坚持**"米袋子"**省长负责制、**"菜篮子"**市长负责制，房价也由地方来负主要责任。(2011)

译文：And third, we will intensify the responsibility of local governments. Local governments must assume their due responsibilities for controlling consumer and housing prices. Governors of provinces will take responsibility for the **grain supply** and city mayors will be responsible for the supply of **non-grain food**. Local governments will assume responsibility for bringing down surging housing prices.

在这句话中，"米袋子"意为政府保证粮食及主食产品供应的计划，而"菜篮子"表示政府保证蔬菜、奶制品、猪肉及禽类制品供应的计划。如果仅仅使用"大米"以及"蔬菜"等词，并不能完整地表达两个隐喻所包含的完全意义，而如果直接采取解释法将这两个隐喻解释清楚，又显得语言啰唆。而口译员给出的译文却更加有效且易理解：直接采用"grain"和"non-grain food"来表达两类食品的供应。在此，中文中的隐喻使用不仅使语言简单生动，同时能让在座的听众很容易理解讲话者所想表达的意义。

(三)使语言生动

在总理出席的"两会"记者招待会这种较为严肃的场合中，长时间地表达中国态度、解读中国的政策、宣传中国未来发展计划可能会让在场的听众感到有些疲惫和枯燥。使用隐喻可以让原本较为严肃的语言更加生动、鲜活地表达讲话者的想法，如：

(20)温家宝总理：过去两年我们在经济上遭遇了一场**遭遇战**，我们及时、果断地采取了宏观调控的措施，打了一套**"组合拳"**。现在可以说，宏观调控取得了明显的成效。我们成功地避免了经济的大起大落，避免了物价的过度上涨。我们保持了经济平稳、较快地运行，保持

了物价的基本稳定。但是我们丝毫不可松懈,摆在我们面前的形势如同**逆水行舟,不进则退**。(2005)

译文:In the past couple of years, we have been facing a battle of contact in terms of economic development. To **fight this battle**, we have combined a **series of policies**. We can say now these policy measurers have achieved remarkable results. We have been successful in avoiding major ups and downs in the economy, preventing excessive price hikes, keeping prices at a stable level and maintaining steady and fairly rapid economic growth. Now we must not slacken in our efforts in the slightest way. The situation we are facing now is like going upstream. **If we don't forge ahead, we will be left lagging behind**. Let me put the problems we face in proper prospective.

在这句话中,温家宝总理描述了过去两年经济上所面临的困难、政府采取的措施以及目前国家所面临的经济形势。若以术语回答,整篇话语会显得专业性较强。在场的各位记者可能理解并不困难,但对于坐在电视机前的不少关心国家大事的观众来说可能就有些费力,而通过隐喻的使用,将原本晦涩难懂的经济比喻为"战争",使得语言更加活泼生动,也更接"地气",不仅容易让听众理解,也体现了总理亲民的一面。而在译文中仅保留了第一个隐喻,也一定程度上实现了生动语言的语用功能,但是后面两个隐喻由于中文都是耳熟能详的表达,而在英文译文中"组合拳"的英文在此领域中使用较少,而且英文中并没有意义上认知度与"逆水行舟,不进则退"相一致的习语,故译者采取去掉喻体的方式,优先保证译文的意义以及易懂性。

(四)委婉陈词

在总理记者招待会中,较为尖锐的话题是不可避免的,总理与记者之间有时会针锋相对。在观点对立的情况之下,可以利用隐喻使表达更加委婉、更具艺术性,如:

(21)中央电视台记者:但是我们也听到有一些民营企业认为,政府对非公经济的支持是**雷声大、雨点小**,实际过程当中有很多民间投资还会面临有形或者无形的障碍,似乎**"玻璃门"**的现象并没有得到有效解决,而且在社会上针对"国进民退"的说法也有不少争议。请问总理,您如何来看待这样一个问题?(2011)

译文:However, it is also the view of some private enterprises that they have heard **loud thunders but seen few raindrops** in terms of government support for the non-public sector, or in other words, **much has been said, but little has been done**. And those businesses still face visible or invisible obstacles in their operation and the problem of the "**glass door**" has not been well addressed. There is also a view that in China the state-owned enterprises are forging ahead but private ones are falling behind. What is your view, Mr. Premier?

这是2011年"两会"记者招待会中央电视台记者针对中国政府对民营企业发展支持力度的提问,问题中"雷声大、雨点小"以及"玻璃门"均是对政府对于私企发展不作为的隐喻。与直接批评政府的不作为或者设置障碍相比,此处的隐喻明显有弱化语气的语用功能,帮助记者用更隐晦的方式提出相对尖锐的问题。由于将隐喻的喻体去掉而直接翻译出隐喻实际意义会使得译文的语气更加强烈从而难以实现原文的语用功能,所以在译文中此处两个隐喻一个采取直译加注解的方式,另一个采取了直译的方式,使得原文的语用功能得以最大保留。

(22)朱镕基总理:你讲的这个例子很风趣,但是跟我的讲话**风马牛不相及**。(2000)

译文:I think you have given a very vivid and interesting example. But it is **dramatically different** from the main point that I was talking about on Taiwan.

在朱镕基总理做出这个回应之前,CNN记者提出了一个带有挑衅的问题,朱镕基总理展示出了一个大国总理应有的风范,并没有使用较为明显的激烈言辞进行应对。他不仅仅说对方的例子"有趣",同时用"风马牛"暗示对方的类比毫无逻辑可言,进而质疑提出问题的记者的专业性。

三、隐喻的口译策略分析

尽管研究者们在隐喻翻译领域中提出了许多策略,但是并非所有策略都可以应用于本语料库的汉英口译。因为"两会"记者招待会的口译要求口译员话语简洁、准确和连贯,并且不允许出现任何错误。例如直译加脚注的翻译策略,因为口译为口头表达译文,无法使用脚注;又如对隐喻进行调整的翻译策略,由于口译对时间要求过高,也显得较为不切实际。

基于前人的研究成果,以及对本语料库中口译员译文的观察、总结与分析,笔者将隐喻的口译策略总结为四个:(1)保留喻体。(2)改变喻体。(3)解释意义。(4)摒弃喻体。

但所有策略的使用频率并非完全相同。在语料库中找到的56处较为典型的隐喻中,有26个使用了保留喻体的策略,7个改变了喻体,只有4个采取了解释意义的策略,19个摒弃了源语隐喻喻体。从图4-1中可见,一半左右使用了保留源语隐喻喻体的策略,只有7%解释了源语隐喻的意义。为什么口译员选择了这种做法,这反映了何种实际功能?笔者将在下文进行讨论。

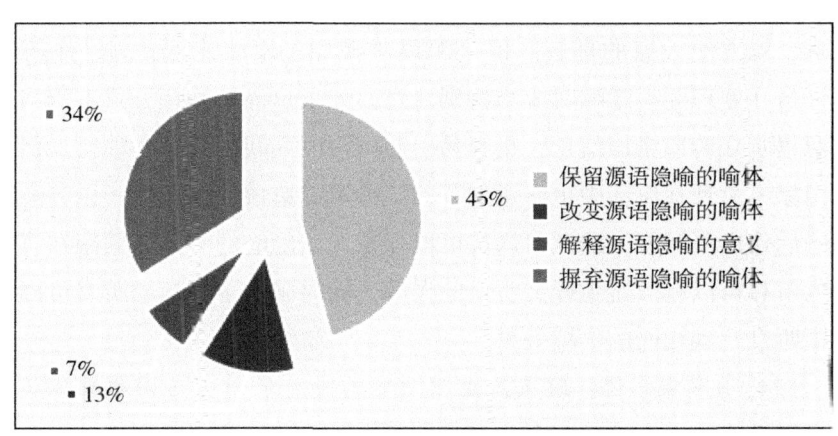

图4-1　隐喻翻译策略的分布

(一) 保留喻体

尽管中国文化和外来文化及其历史背景有许多不同之处，二者的语言文化却有重合的部分。源语的喻体常常会以相同的意义出现在目标语中。在这种情况下，保留喻体便是最理想的策略，因为使用这种策略可以让听众用最小的力气最大程度到达认知语境，同时还能最大限度地保留源语隐喻的喻体和意义。

(23) 温家宝总理：第五，应对这场金融危机，我们做了长期的、困难的准备，我们预留了政策空间。也就是说，我们已经准备了应对更大困难的方案，并且储备了充足的"**弹药**"，随时都可以提出新的刺激经济的政策。谢谢。(2008)

译文：Fifth, we are prepared to tackle a protracted and very difficult international financial crisis and we have already reserved a leeway for ourselves in our policy formulation, which means that we have already had our plans ready to tackle even more difficult times. To do that, we have reserved adequate **ammunitions** which means anytime we can introduce new stimulus policies. Thank you!

原文中使用隐喻所实现的语用功能主要为简化理解，通过使用大家较为熟悉的"弹药"来比喻政府所制定的刺激经济方案以及准备追加的投资，以方便大家的理解。但是源语中使用了军事术语隐喻"弹药"。口译员在处理此类隐喻时应当特别注意。如果口译员处理方式不恰当而向源语听众传递错误信息，很容易引起国与国之间的误解和猜疑。但好在温家宝总理在讲话中也注意到了此隐喻可能造成的歧义，所以特意在隐喻后作出了解释。因此口译员可以保留源语隐喻的喻体，紧跟在直译后的解释可以有效避免译文听众的误解，同时确保了目标语听众可以和源语听众达到相同的语境效果。

(24) 温家宝总理：解决民生问题要首先着眼于生活困难群体。因为在中国城乡，生活困难群体占有相当大的比重，特别是农民。**一个船队**，决定它速度快慢的不是那个航行最快的船只，而是那个最慢的船只。如果我们改善了困难群体的生活状况，也就改善了整个社会的生活

状况。(2007)

译文: In addressing issues related to the well-being of the people, the focus of our efforts should be on the disadvantaged groups, because these groups are fairly large, particularly in rural areas. The speed of a **flotilla** is not determined by the fastest ship, but the slowest one. Unless the well-being of the disadvantaged groups is improved, the well-being of the whole society won't be improved.

源语中,温家宝总理将中国社会喻为船队。中国社会是由不同的民众群体组成的,每个群体都像一艘小船,而中国社会就像是船队。整个社会的康乐民生是由弱势群体决定的。仅有先进群体的幸福无法保证整个国家的健康发展。总理通过隐喻来简化听众的理解,想传递出政府需要确保弱势群体的幸福生活,从而提升整个社会民生的信息。为了实现与源语同样的语用功能,口译员并不需要改变该隐喻的喻体。因为直译为英文也可以达到足够的语境效果,让外国听众也能理解船队这个隐喻的意义,还可以确保无法听懂的听众有足够的语境,帮助理解。

语料库中,保留源语隐喻喻体的策略使用最为频繁。这也较为符合译文实现原文的语用功能的翻译准则。当源语中出现隐喻时,口译员首先判断源语隐喻的喻体是否也可应用于目标语中,二者的内涵意义是否相同。如果该喻体存在于目标语中,那么准确地保留喻体即为最佳且优先的选择。如此一来,口译员就不必改变隐喻的原始意图来保留讲话者想要表达的意思。同时,还可以确保目标语听众有和源语听众相同的语境效果。

(二) 改变源语隐喻的喻体

如上所示,并非所有隐喻都能在译文中保留喻体。有时口译员不能机械地将源语的隐喻转换为另一种语言中的对应词。因为有些喻体只存在于中文中,在英语中并不存在,有些中文中的隐喻是外国人无法理解的。在这种情况下,改变喻体就是一个较好的策略。如:

(25)李克强总理:第三,是要促进社会公正。公正是社会创造活力的源泉,也是提高人民满意度的**一杆秤**,政府理应是社会公正的守护者。我们要努力使人人享有平等的机会,不论是来自城市还是农村,不论是来自怎样的家庭背景,只要通过自身的努力,就可以取得应有的回报。(2013)

译文:Third, we will promote social fairness. Fairness is a source of societal creativity and yardstick for improving the people's satisfaction with the work of the government. The government should be the guardian for social fairness. We need to work hard to create equal opportunities for everyone, for people from urban and rural areas, and for all those people regardless of their family background, so that people's hard work will be duly rewarded.

"杆秤"是千百年来我国居民用来称量物品重量的工具,在此,李克强总理将社会公正隐喻为"杆秤",不仅可以帮助听众理解原文,也可以让表达更加生动,从而达到一箭双雕的效果。"一杆秤"在英文中意为"scale"(天平)或"steelyard"(杆秤),在此处显然为后者。但由于大多数英语国家的人日常生活中都没有接触过类似"steelyard"(杆秤)的物品,直译可能会导致听众理解的困难,所以在此口译员没有保留源语隐喻的喻体,将其改为"yardstick"(码尺)。这是因为目标语听众码尺使用得更多,并且码尺也有"标准"的含义。口译员准确地传达了讲话者意图表达的含义,并且不会引起听众的疑虑。因此,改变源语喻体也就是摒弃源语隐喻的原本词汇,重组出讲话者想表达的深层含义,然后以目标语的习惯传递给听众。又如:

(26)朱镕基总理:但是请记住,中国是最早声明不首先使用核武器的国家。我们已经停止了核试验,我们和美国已经签订了导弹互不瞄准的协议……所以,所谓中国盗窃美国的军事机密的问题,可以认为是一种**天方夜谭**。(1998)

译文:But please keep in mind that China is the first country to declare that not be the first to use nuclear weapons. Already we have imposed an moratorium on nuclear testing. We've signed an agreement with the United States on not targeting missiles against each other. The alleged Chinese theft of US military technology is only a **fiction**.

此处使用了谚语隐喻，主要目的是为了表达我国对国外媒体无端猜测愤怒的态度。《天方夜谭》是一本阿拉伯民间故事集，而在此列当中"天方夜谭"意为虚假的、不实际的、不可想象的事情。虽然此名著在英语国家也耳熟能详，但在英语中并无类似的引申含义，所以口译员只能将喻体舍弃，更换为"fiction"，意为虚构、编造而出的信息。虽然改变了隐喻喻体，但是依然可以让目标语听众明确了解讲话者的态度，并实现源语中的语用功能。

改变源语隐喻喻体在口译中不常使用，原因有二：其一，大多数隐喻通过直译就可以表达出原文的含义和语用功能，不需要进行改变。其二，此类策略的使用对口译员的挑战最大，也会耗费最大的认知负荷：不仅需要判断出直译后的喻体难以被听众所接受，还需要在大脑中搜索一个目标语听众可以接受并实现同样语用功能的类似词汇。

(三) 解释源语隐喻的意义

在隐喻翻译领域，许多学者倡导解释源语隐喻意义这一策略。随着跨文化交际的发展，越来越多的中文隐喻喻体被他国文化所引用，许多独特的国外隐喻也为中国文化所用。为顺应这一趋势，许多学者提出译者的责任就是将更多国外隐喻引入中文里，也将中文的隐喻推向世界。

但对口译员来说，尤其是代表政府进行口译的译员，这一要求并不适用。面对目标语为英语的听众时，在英文译文中引入中文隐喻需要口译员付出更多的努力。听众有可能认为这样的译文不知所云，然后放弃理解。因此，口译员在选择把中文隐喻传达给目标语听众时应格外小心。如：

(27) 中央电视台记者：但是我们也听到有一些民营企业认为，政府对非公经济的支持是**雷声大、雨点小**，实际过程当中有很多民间投资还会面临有形或者无形的障碍，似乎**"玻璃门"**的现象并没有得到有效解决，而且在社会上针对"国进民退"的说法也有不少争议。请问总理，您如何来看待这样一个问题？(2011)

译文：However, it is also the view of some private enterprises that they have heard **loud thunders but seen few raindrops** in terms of government support for the non-public sector, or in other words, much has been said, but little has been done. And those businesses still face visible or invisible obstacles in their operation and the problem of the **"glass door"** has not been well addressed. There is also a view that in China the state-owned enterprises are forging ahead but private ones are falling behind. What is your view, Mr. Premier?

"雷声大、雨点小"是一句中文谚语。能够听懂源语的听众不难理解讲话者意图表达的含义。这一类隐喻在中文中使用频率较高。在常识中，响雷意味着大雨将落。源语中，"雷声"和"雨点"代表中央政府的管理措施和其结果，隐喻的语用功能主要为委婉陈词。中文听众很容易理解这两个隐喻及其内涵意义，但对于英语听众来说就并非如此了。如果口译员按照字面意思口译为"loud thunders but few raindrops"（响雷小雨），多数英语听众只能理解其字面意义而其隐含的意义乃至语用功能将完全无法理解，所以口译员选择解释源语的喻体，将"雷声大、雨点小"解释为"much has been said, but little has been done"。

对"玻璃门"的口译也遭遇了相同的情形。对于中文听众来说，该隐喻很容易理解。但对目标语听众来说，若隐喻直接按照字面意思译为"glass door"（玻璃门），听众可能无法理解。温家宝总理用"玻璃门"表示一些确实存在的阻碍，但私企无法观察到，从而成为其健康发展过程中的阻碍。国企往往享有优惠政策，而私企面临的问题并没有得到妥善解决。因此，对"玻璃门"进行直译无法达到最佳效果，所以口译员选择将"玻璃门"解释为"invisible obstacles in their operation"。

隐喻的一大特点就是语言精练、少词多义，而其解释性译文却较长。若同样的隐喻不断出现，对口译员来说不可以每次都采取较长的解释说明来对应，如此会使得译文较为冗长。所以当隐喻第一次出现时，口译员选择保留中文隐喻的喻体，并以解释的方式传达给英文听众。当同样的隐喻再一次出现在源语演讲中时，口译员就可以采用直译的方式。如"雨点"被译为"raindrops"，"玻璃门"和"弹簧门"被翻译成"glass door"和"swing door"。

解释源语隐喻的意义这一策略在口译中是经常使用的。该策略不仅保留了源语隐喻的喻体,以确保目标语听众能与源语听众享有相同的语境效果,同时还能解决口译员在面对重复出现的隐喻时遇到的难题。同时,该策略也能保证目标语听众正确理解译文。

(四)摒弃喻体

有时,很难在目标语中找到与源语中的隐喻相对应的词,字面传译此类隐喻会给目标语听众带来极大的负荷,在这种情况下尽管口译员对其进行解释,改变源语隐喻的喻体也无法解决问题。在这种情形之下,口译员可以采用摒弃源语隐喻的喻体的策略。

通过摒弃源语隐喻的喻体,口译员可以直接传达隐喻的部分含义,而一部分语言特征则会完全丢失。有时,若隐喻的含义已在源语中表现出来,口译员甚至可以选择完全摒弃源语隐喻的喻体。如:

(28)温家宝总理:我还想提出一点,加强农业和农村建设是一着**"活棋"**,这一步棋走好了,就能够带动内需和消费,从而使中国的经济发展建立在更加坚实的基础上。(2006)

译文:I would also like to say that we need to strengthen the development of the countryside and agriculture. This is a key and very **significant step** because if we can properly take this step, it will go a long way towards boosting domestic demand and consumption in the country. And that will certainly place China's economy and society on a more solid footing.

"活棋"是围棋术语,是指下了之后可以做活一块棋的妙招,也是决定着棋局胜负的妙手。源语中,讲话者通过隐喻"活棋"来使得语言更生动,从而强调农业和农村的发展的重要性及其对内需和消费的拉动作用。由于在中国,围棋有着广泛的群众基础,并被冠以"国粹"的美誉,即使不会下围棋的人也能大概了解"活棋"在本语境下的意义,但对于目标语听众来说,由于围棋的不流行,要理解"活棋"的意义并不容易。所以此时口译员无法采取直译的方式进行处理,并且原文中的语用功能为生动语言,所以对原文解释说明后会使得语用功能缺失,故也无法采用,而由于围棋较为独特的"占地为多"而胜的规则,也很难短时间内在英文文化中的类似棋牌游戏中找到类似表达,所以口译员的唯一选择就是摒弃"活棋"的喻体,将其传译为"significant step",优先保证原文的意义传达。

(29)温家宝总理:过去两年我们在经济上遭遇了一场遭遇战,我们及时、果断地采取了宏观调控的措施,打了一套**组合拳**。现在可以说,宏观调控取得了明显的成效。(2005)

译文:In the past couple of years, we have been facing a battle of contact in terms of economic development. To fight this battle, we have **combined a series of policies**. We can say now these policy measures have achieved remarkable results.

源语中,"组合拳"意为在经济发展中进行的努力。讲话者以"组合拳"为隐喻,比喻中央政府为避免严重经济波动及物价上升而采取的一系列调控措施和政策,主要目的也是采取更加生动的语言来表达相对复杂专业的经济术语。然而"组合拳"作为拳击术语,其英文直译为"combination blow",但是其英文直译并无"连续不断的动作或努力"的含义,所以直译无法让英文听众理解原文的隐含意义,并且由于与例28类似的原因,解释翻译与更换喻体策略也无法使用,所以口译员只有采取摒弃喻体的意译策略。

一般来讲,摒弃喻体的策略是口译员不得已而采取的口译策略。只有符合源语中的隐喻直译后无法被英文听众理解、源语隐喻的语用功能无法通过解释说明法进行重现以及英文中短时间较难找到改译的喻体这三个条件时才会使用摒弃喻体的策略。

第三节 语 气 助 词

一、现有研究分歧综述

对汉语中以"啊、吧、呢、吗、的、了"为代表的语气助词的研究数量之多、研究结果分歧之大,是汉语界其他任何类型词语都难以企及的。单从其功能分析，就有至少三种学术流派，一为语气助词是用来表达或者辅助表达句子功能语气的，如王力（1944）、丁声树（1961）认为一个语气助词可以表达多重"语气意义"，但是由于同样一种语气也可以由多个语气助词表示，这样的交叉与重合使得研究结果经不起推敲。二为语气助词表达了讲话者的交互主观性。从20世纪后期开始，学者们开始尝试将一种情态动词的多种语气意义合为一种，从不同的语料中总结归纳出一个该语气助词所独有的语义，如胡明杨（1981）认为"吗"为表意助词，表示"向对方提问"；"吧"的主要功能为表态，也就是说明讲话者对其讲话内容的不确定；而"呢"为表意助词，提醒听话者注意自己讲话内容的某部分。陆俭明（1984）和邵敬敏（1996）赞成部分胡明杨的理论，同时也尝试对其理论进行修正。三为语气助词不仅可以表示语气，也可以表示口气。吕叔湘（1982）最早提出"语气与口气不易混淆""语气可以有广狭两解"。而孙汝建（1999）和齐沪扬（2002）也将语气助词专门区分了语气和口气。

目前诸多学者尚且无法对语气助词在语境中扮演什么样的角色、实现何种功能等问题上达成一致，其翻译策略以及在汉译中的运用相关研究在质和量上更是明显不足。目前现有语气助词的翻译研究，如田琳（1997）、门冬梅、王一龙（2015）等大多数停留在英汉翻译或口译中，译者如何通过使用语气助词使得译文更加符合中文表达习惯、实现与原文相同的语用功能以及使得译文更符合讲话者的身份和人物设定。而语气助词英译相关研究数量更少，如李发根（2006）基于人际功能理论，对《蜀道难》的五个英译本中所表达的语气人际意义进行了对比分析，而唐青叶、李东阳（2007）则基于系统功能语言学中的语气系统理论，以曹禺的《雷雨》和其英译为例，对五个汉语语气助词的译文表现形式以及如何实现语义和语气等效进行了讨论。

综上所述，现有学者们对情态动词的语义、语气与语用功能争议颇大。现有的大多数结论是基于观察和经验总结而出，进行佐证的例句较多为随机选择的语料或是作者自己杜撰的例子，所以结论较易受到学者个人的语感或语言偏好的影响。若是通过真实、一定数量的系统语料来对前人的研究结果进行验证将会对相关研究成果的梳理有较大帮助。而作为一个在英文中无法找到其完全对等表达的语言现象，语气助词的英译策略研究虽然颇具意义，但是并没有受到应有的关注。现存相关文献主要是将某个文学作品的英译译文进行列举并作分析，并且基于某种语言学理论分析出语气助词的翻译准则。但是如何将语气助词的语义、语气和语用研究成果与其英译策略进行有机结合，并基于实证研究等科学而系统的方式总结出语气助词的具体英语策略，并没有相关研究进行尝试。

二、研究步骤与说明

经过对语料库词频进行实验性统计之后，本部分选择对六个语气助词中的"啊、呢、吗"进行研究，其原因主要有以下几点：第一，虽然"啊、呢、吗、吧"这四个词具有一定共性，但是"吧"在本语料库中仅仅出现了两次，首先被排除。第二，基于研究的可行性与必要性，作为公认的六个语气助词代表，这三个词在中文话语中出现频率之高、重要程度之重都是无出其右的。第三，另外两个词"的"和"了"除了充当语气助词之外，更频繁的是作为结构和动态助词使用，在统计和研究上增加了复杂性和困难。

基于1998年至2014年"两会"总理记者招待会的语料，本部分将验证并完善前人已有的关于情态动词"啊、呢、吗"的语用功能研究，并结合语气助词所实现的语用功能以及译文的定性定量分析来探索其汉英口译策略。

首先，对语料库中三种语气助词的出现频率、所在句型进行统计，并找出包含每个语气助词句子所对应的英文译文。

其次，采取删除对比法、观察法以及前后文分析法等方式对源语中的语气助词的语用功能进行分析。并尝试对比译文，检验源语语用功能在译文中的实现程度。

最后，根据其语用功能和英文译文确定每个语气助词的口译策略，将全部例子进行标注和统计，并选择个案进行分析，归纳出语气助词的动因及口译策略。

三、语气助词语用功能

(一)"啊"的语用功能

由于语料中严肃的场合和正式的语言,"啊"在本研究中出现次数明显较少,在长达 140657 字的语料中仅仅出现 7 次。其中 6 次出现在感叹句句尾,出现在问句句尾的情况又有 1 次。

关于"啊"在句尾表询问功能的具体细分,孙雁雁(2013)指出有"一般询问、急迫询问、验证询问、责备询问"四个功能。并且从语义的角度上来说,"啊"在问句中并没有实际的语义。因为通过删除比较法,也就是将各种出现的"啊"的问句与去掉"啊"的问句进行语义对比分析,发现问句中是否有语气助词"啊"对语义没有任何改变。正是由于并没有实质上的语义差别,而在问句中加入"啊"字仅仅会改变问句传达的信息硬度,显得语言不够精练并且不正式,所以在 140657 字的语料中,仅有一个问句中出现了"啊",请看下面的例子:

(30)李克强总理:你说到的黑客攻击问题,这可以说是一个世界性的问题,中国本身就是主要的被黑客攻击的受害者,中方不仅不支持,而且强烈反对黑客攻击行为。**刚才你说的话我怎么有有罪推定的感觉啊**?我想我们还是少一些没有根据的相互指责,多做一些维护网络安全的实事。谢谢。(2013)

译文:You also asked about hacker attacks. This is a worldwide problem. And in fact, China itself is a major target of such attacks. China does not support, indeed, we strongly oppose to such activities. In your question, **I sensed the presumption of guilt**; I think we should not make groundless accusations against each other and spend more time doing practical things to cyber security. Thank you.

此例是李克强总理在 2013 年针对美联社记者的问题所做的回答。在本回答中出现了"有罪推定"这个司法术语,其意义为在进行论证之前先认定被追诉人有罪,其概念在现代司法的观念中是被否定的。李克强总理作为法律专业出身的政府官员,使用这样的术语加上升调"啊"不仅强化了自己对美国记者观点不认同的情绪,同时也凸显了李克强总理对该提问的不满。在译文中,口译员通过直译术语和改变句式实现了同样的语用功能:虽然"presumption of guilt"是"有罪推定"的直译,但是在法律意识较强的英美等国的语言环境下,该词的含义更加偏贬义,而译员通过将"In your question"提前,语气进行了加强,从而实现了源语中语气助词强化语气的语用功能。

对于"啊"在非疑问句中的功能,孙雁雁(2013)指出其主要为强调和祈使。这两种功能在本研究中均有体现。其中,有4次"啊"的出现是表示祈使功能,即呼吁听众或讲话所针对的对象去实施"啊"之前所描述的动作和愿望,如:

(31)李克强总理:不过我还想通过各位向中国企业转达一句话:**你们可是要尽力啊**!我们对中国装备质量做了承诺,**可不要让这个承诺落空啊**。(2014)

译文:Here through you, I wish to convey a message to the Chinese companies. That is: **You need to** do your best. We have given our word for the quality of Chinese equipment. **I hope** you will not prove us wrong.

本例中,李克强总理的讲话中呼吁广大"走出去"的中国企业一定要把好质量关,不能辜负总理对中国产品质量的承诺,给有意愿与中国企业合作的国外政府和企业一个担心的理由。李克强总理担心中国企业的产品和工程在国际市场上留下"低价低质"的印象,一连使用两个包含"啊"的祈使句来表达其殷切和焦急的态度。由于句中的祈使是总理对企业家们的殷切希望,所以在译文中口译员增译了动词"need"和"hope",从而使得译文与原文所表达的语用功能相一致。

在非疑问句中,除了表示祈使功能以外,"啊"在句尾还可以表示对句中信息的强调,引起听众的注意,帮助听众理解,从而促进与听众更有效的交流。如:

(32)李克强总理:对于中国的航班安全工作,我们一直不敢放松,**人命关天啊**!(2014)

译文：As for flight safety, we have never let up our effort in ensuring flight safety as **there is nothing more important than** human life.

马航事件之后，各国媒体包括我国民众都对我国政府对待航空安全的态度十分关心。面对美国有线电视新闻网记者的提问，李克强总理代表中国政府对中国航班的安全工作做出了表态，通过在句末使用语气助词，显示中国政府极为重视航班安全工作，因为其与我国人民的生命安全息息相关。而在译文中，口译员采取双重否定的方式对原文的语气进行了强调，表明了中国政府对航班安全绝不马虎的态度，实现了译文中对于"安全重于泰山"这一概念的强调。

值得注意的是，根据笔者对语料库的统计，共计17次的"两会"总理记者招待会，温家宝总理出席了10次，但温家宝总理并没有在讲话中使用过一次语气助词"啊"，而只主持两次"两会"记者招待会的李克强总理则用过7次。这说明不同讲话者的语气助词使用偏好可能有较大区别。

(二)"呢"的语用功能

有关"呢"在句子中的功能，齐沪扬(2002)将其概括为六个方面：(1)表示疑问语气。(2)表示反问语气。(3)表示自问自答语气。(4)表示感叹语气。(5)表示肯定的陈述语气。(6)表示停顿。基于其理论，在本语料库中总共出现的27处"呢"中，25个在疑问句中，2个用在陈述句里，共有四种不同的语用功能：引起注意、加强问句语气、肯定陈述和弱化语气。

在四个功能当中，通过自问自答而引起注意这个语用功能所出现的频率最高，为12次，占总数的44%。在记者发布会中，讲话者会使用以"呢"结尾的问句来对事实内容进行自问，并不要求听众给出答案，而是自己紧接着进行回答，以提醒听众注意，起到指明焦点的作用，请看以下例子：

(33)朱镕基总理：**什么叫"三个到位"呢**？第一个到位就是我们已经确定了我们在三年左右的时间里面要使大多数的国有大中型企业摆脱困难，进而建成现代企业制度。就是说，三年必须办好这件事情。

(1998)

译文：**By "Three Put-into-Place", I mean** first put-into-place, that is, we have decided to enable most large and medium-size state-owned enterprises to be lifted from their current difficult situations in about three-year's time, and then to establish a modern enterprise system in these enterprises. That is to say, we must do this job well in three year's time.

此时，朱镕基总理在对"三个到位"进行回答，如果没有这个设问的话，各位听众很可能由于话语交际的"一次性"而漏听了后面的答案究竟是尝试回答什么问题，而使用以"呢"结束的问句，起到了强调此问题的重要性的作用，同时提醒听话者进行自我思考，并关注此问题。在译文中，口译员并没有将设问中的问句直译出来，而是使用了强调标记语"I mean"，同样达到了提醒听众、强调观点的语用功能。

除了通过自问自答以引起听众的注意之外，"呢"在本研究中第二高频的语用功能是在问句中弱化语气。"呢"在句子中存在与否对句子的译文功能并无影响，但是"呢"的存在会使得句子的语气更加委婉缓和。在本研究中，此类功能共出现 7 次，均为记者提问时使用的，请看以下例子：

(34) 香港《明报》记者：中央一直希望香港稳定、繁荣，当前香港的经济已经转好了，社会已经稳定了，**为什么中央现在会接受董建华先生的辞职呢**？您对代理特首曾荫权有什么期望？(2005)

译文：The central government has all along hoped for stability and prosperity in Hong Kong. Now that the economy has picked up, society has been stabilized in Hong Kong. **Why, at this moment, has the central government accepted the resignation of Mr Tung Chee-hwa**? What are your expectations of the Acting Chief Executive Mr Donald Tsang?

从语义角度来说，该例中的"呢"去掉与否，该句子的疑问含义并没有发生改变。但是由于它可以"让传疑这种词义减弱"（齐沪扬，2002），而来自香港地区的记者提出了一个相对尖锐的问题，通过使用"呢"，缓和了问句的疑问语气，使得原本尖锐的问题听起来更温和。

在译文中，口译员巧妙地采取断句的方式，将疑问词"why"与后面的问题分离开来，从而使得该问句的"传疑"功能弱化。

在语料库中，"呢"不仅可以让问句的语气缓和，也可以让问句的语气更加强硬，以暗示讲话者的不满。该语用功能共计出现 6 次，均为总理回答问题时使用。请看以下例子：

(35) 朱镕基总理：关于台湾问题，中国所有领导人的讲话都是明确的、一致的，也就是根据"一国两制"的原则和江泽民主席的"八项主张"来办事。现在关键的问题是有人不承认"一个中国"的原则。如果不承认"一个中国"，**有什么可以谈的呢**？（2002）

译文：With regard to the settlement of the question of Taiwan, all the statements made by the Chinese leaders are clear-cut and consistent. That is, this question should be resolved on the basis of the "one country, two systems" principle and the "Eight-Point Proposal" put forward by President Jiang. The most essential issue is whether or not the "One-China Principle" is recognized. If the "One-China Principle" is not recognized, **what can be discussed**? If the "One-China Principle" is recognized, any subject can be touched upon.

在此例子中，朱镕基总理强烈谴责那些不承认"一个中国"的势力，申明中国只与承认"一个中国"的势力进行台湾问题的谈判。如果采取删词对比法，可以发现反问句中去掉"呢"之后质疑的语气明显变弱，讲话者的愤怒与激动也很难体现出来。所以此处朱镕基总理使用"呢"是为了加强反问语气，对不承认"一个中国"的势力做出强硬回应，并表示中国政府对此的不满。而在译文中，译者通过采取被动语态，同样实现了加强语气的语用功能。

在本研究中，非疑问句中出现的"呢"只有两次，均为在陈述句中用来强调句中的概念，请看下面例子：

(36) 朱镕基总理：中国今年预算的赤字 3098 亿元人民币，相当于当年的国民生产总值的 3% 左右。国债发行的余额总计 25600 亿，占国民生产总值的 18% 左右。这两个数字都在公认的国际警戒线以内，**还**

差得远呢。至关重要的是我这个赤字不是用在弥补经常性的预算方面,没有把它吃掉,是用在基础设施建设方面。(2002)

译文:China's fiscal deficit will be 309.8 billion yuan this year, accounting for 3% of our GNP. The total size of outstanding debt is 2.56 trillion yuan, accounting for 18% of our GNP. And both figures are **well below** the internationally recognized safety level. Most importantly, the deficit is not incurred to make up for the deficiency in our regular budget. It is not consumed. Rather it is used to develop infrastructure projects.

以上回答是朱镕基总理针对香港媒体给他起的"赤字总理"的称号时所作的回应。当使用删词对比法对本句话进行研究时,我们发现去掉"呢"字并没有使得本句话的语义发生任何变化。但是如果对两个版本的语气进行比较,增加了"呢"之后会使得句子语气更强,表示中国政府的财政离国际公认的警戒线相距甚远。朱镕基总理在这里使用语气助词"呢"是为了通过事实证明中国政府并没有任何的财政问题,并且大部分的赤字也都花在了基础设施建设等重要方面。而在译文中,由于原文中的"远"已经表示了程度的多少,所以口译员只是使用了程度副词"well"来修饰我国赤字与国际公认的安全线的距离,并没额外使用例如"much"或者其他方式来加强语气。这么做的原因可能是英文中"well below"的语气已经较强,并且增加其他程度副词可能会使得语言较为不正式,从而放弃了使用。

(三)"吗"的语用功能

相比前两个语气助词,关于"吗"的功能研究前人的结论更为一致。李静(2005)认为,疑问语气是"吗"字的最基本,也是最核心的功能。干薇、陈蔚(2014)指出"吗"主要表示疑问,而且主要出现在是非句的句尾,这是"汉语语法界对它形成的广泛共识"。对语料库中"吗"字的检索和功能分析也印证了这一点:除去外国记者提问被口译员翻译成中文而产生的,记者和总理共计使用了 25 次"吗"。其中,"吗"在本研究中所包含的语用功能为明知故问、问句中加强语气、肯定陈述和引起注意四种,本研究中三类语气助词的语用功能分布如表 4-5 所示：

表 4-5 语气助词的语用功能分布

	啊	呢	吗
问句中加强语气	1	6	8
强调、引起注意	2	12	1
陈述句中加强语气		2	2
祈使	4		
问句中缓和语气		7	
明知故问			14
总数	7	27	25

通过此表看出，"吗"在本研究语料库中仅有一次实现了引起注意的语用功能，仅有的一次出现也是通过自问自答的方式，实现双重语用功能，请看下面的例子：

(37) 朱镕基总理：我当时只有 9 岁，救亡的歌曲，现在我还记得清清楚楚，每逢唱这些救亡歌曲的时候，我的眼泪就要流出来，我就充满了要为祖国慷慨赴死的豪情。今天中国人民已经站起来了，**我们能够允许自古就属于中国领土的台湾从祖国分裂出去吗**？绝对不能！(2001)

译文：At that time, I was only nine years old. I still clearly remember all the songs we used to sing; songs that called for the salvation of our motherland. These songs are still clear in my mind today. Every time when I was singing these songs, I became so excited that I was determined to devote all my life to the great cause of our motherland. Today, the Chinese people have stood up. **So how can it be possible that we will allow Taiwan "which has been a part of China's territory"** to be separated from the motherland? Absolutely, we cannot!

文中例子出现方式较为少见，先是一个不需要回答，明知故问的反问句,紧接着讲话者又给出了"绝对不能"的回答。这种看似较为不必要的自问自答形式反而更加凸显了讲话者的激动之情和强调语气:首先通过明知故问的方式表达中国政府绝对不会允许台湾被分裂出去,后面增加一句回答,反而更加深了讲话者讲话的语气,坚定地表达了中国政府的态度。而在此,口译员的语气也通过"反问+正话反说"的方式在译文中取得了同样效果。并且在最后"绝对不能"这句话的英译中,额外增译了人称指示词,区分了你我,并且坚定了语气,从而告诉所有国外记者中国政府对待台湾问题的坚定态度。

"吗"在本研究中最常见于是非疑问句的句尾,但是大多数情况下(56%),这些句子并未表达出疑问的含义,而是讲话者的明知故问,请看下列例子:

(38)《中国日报》记者:请问总理,为应对国际金融危机,政府推出了4万亿经济刺激计划。但是我们注意到,您的报告中并没有像我们预期那样推出一些新的刺激计划,这是否意味着这一轮措施运作良好,**未来还会推出新的经济刺激方案吗**?(2009)

译文:Thank you Premier, I am from *China Daily* and its website. Just you have introduced a 4 trillion RMB strong simulus package to tackle the impact of international financial crisis. We have noted that in this report you have introduced the plan but you have not introduced a new stimulus package as expected by people outside the government. I would like to know whether this means that the first stimulus package has been working quite well. **Or in the future, is there possibility for the government to introduce new stimulus package**?

(39)香港《星岛日报》记者:……国家正在编订第十二个五年规划,能否谈谈香港在这个规划中将扮演怎样的角色?另外,总理这几年非常忙碌,很多人都很关心您的身体健康,**能说说您是如何一直保持旺盛的工作精力吗?谢谢**。(2010)

译文:Secondly, the central government is formulating the 12th Five-year Plan for China's economic and social development, I wonder what role will Hong Kong play in the 12th Five-year Plan. Last question, you have been very busy over the years and many people have expressed concern for your health. **I wonder how do you keep strong vigor and vitality in your work**.

无一例外的，上述两个例子都可以用肯定或否定来进行回答。有趣的是，总共14处此类语用功能中，有11处问题最后是以肯定的回答结束，有的是讲话者对形势判断错误从而得到否定的回答，还有一处是总理向听众提问，并没有收到回答。通过上述数据中我们可以对本语料库中的这14个是非疑问句作出一个推测，即以"吗"结尾的是非疑问句与以"呢"结尾的一般疑问句不一样，并没有弱化语气的作用。相反，对于此类问题提问者是有一定期待或是引导的，他们期待回答问题的人能给予一个肯定的回答，并且表达了他们迫切想知道答案的心情。

与"呢"一样，"吗"在本研究中并没有很频繁地出现在非疑问句中。仅仅出现了两次，均表示强调事实的作用，例如：

(40) 朱镕基总理：经过我们重重地打击走私，我们海关的税收去年比前年增加了一倍。我们拿这个钱给8400万低收入者增加了收入，这不是很大的效果**吗**！（2000）

译文：Because of the crackdown on smuggling, China's customs revenue last year increased by 100 per cent over 1998, and the extra revenue was used to increase pay for 84 million low-income people.

四、语气助词的口译策略

语气助词是中文独有的表达特定语气的词汇，在英文中并没有直接对应的表达。虽然大多数的语气助词并没有实际的语义，但是如前文所示，它们表达了丰富的语用功能，所以如何在没有英文对应的情况下，将语气助词在原文所实现的语用功能在英文译文中进行重现就成了难题。笔者根据对语料的对比分析总结出了如下口译策略：（1）省去不译。（2）增译加强语气词汇。（3）改变句式。（4）化繁为简。具体分布如表 4-6 所示：

表 4-6 语气助词的口译策略分布

翻译策略	次数	百分比
省去不译	23	39%
增译加强语气词汇	18	31%
改变句式	13	22%
化繁为简	5	8%
合计	59	100%

其中省去不译较为常见，虽然通过对比删除法发现大多数语气助词在中文源语中都有其特有的语用功能，但有相当数量的(39%)语气助词可以在不翻译的情况之下，通过原句语义和句式的直译就可以实现与原文相同或接近的语用与语义功能。由于相比而言此策略较为常见且技巧性不强，故在此不进行讨论，剩下三种策略的具体讨论如下：

(一) 增译加强语气词汇

有相当数量的语气助词在本研究中具有加强语气的语用功能。在汉语中，句子语气强烈程度的改变主要是通过语气助词来实现的。在英文中，加强语气主要是通过语气词汇的句子结构的改变而实现。因此改变句式结构以实现相同的语用功能在语料库中是较为常见的翻译策略。

(41) 朱镕基总理：关于中国股市有各种各样的看法，**这不是说明中国有言论自由吗**？（2001）

译文：With regard to China's stock market, there are all sorts of comments and opinions. I think it is **evident enough** that people in China enjoy freedom of speech.

这句话是朱镕基总理针对法国记者一连串有关中国股市猜测追问的回答，由于法国记者提出了一连串有关中国股市的问题，有些甚至带有"设陷阱套话"的意味，所以朱镕基总理在回答问题的一开始就使用了"吗"字来增强反问句的语气，以表示在中国有言论自由是毫无争议的事实,并以人们对中国股市有多种观点以及看法进行论证。所以原文除了语气强烈之外,前后两半句之间还存在着隐藏的因果关系,若将原文进行直译,强烈的语气可以得以再现,但因果关系很难表达出来,口译员采用将问句改为陈述句以及增译"evident enough"的方法将语气及因果逻辑表达了出来。

(二) 化繁为简

交替传译相比同声传译最大的优势在于其时间压力较小,所以允许口译员有更多的时间和精力对译文进行处理,从而使得译文相比原文更加明了并易于接受,对于有着缓和语气和强调语用功能的语气助词,可以通过化繁为简的方式,将原文的语用功能传达出来的同时保持语义对等,同时使得译文更加简洁,请看下例:

(42)朱镕基总理:我是很佩服你们新闻记者的执著和毅力,总是要把这个问题追个水落石出,但是我刚才已经讲过了,连我自己都不知道答案,**我怎么回答你呢**。(2002)

译文:**The press people always struck me** with their perseverance in getting the answer to their questions.

通过删除对比法我们可以得知,原文中的"呢"有缓和语气的功能,去掉"呢"之后,原文的语气更加生硬。但是若采取直译的方式,英译后的译文与未加"呢"的原文语气相仿。为了保证译语能够实现与原文相同的语用功能并使得译文更加容易理解,口译员对译文做了较大的删减和句子重组,仅仅使用"The press people always struck me"就将源语中想表达的语用功能和语义表达了出来。

(三) 改变句式

前文已经提到,本研究中不少以"呢"结尾的句子虽然形式上为问句,但却是讲话者的明知故问,通过问句这样的形式加上语气助词来缓和讲话者的语气,使得其问题或者要求更容易被听众或者提问者接受。语气助词加入在问句的语用功能和语义更加微妙,而英语中由于没有语气助词,直译之后的译文很难实现中文源语中的语用功能,所以需要将问句改为陈述句形式,以实现语用对等,请看以下例子:

(43) 朱镕基总理：是不是可以请钱其琛副总理作一点补充呢？（1998）

译文：I want to ask Vice Premier Qian Qichen to add a few things.

原文形式为反问句，可并没有疑问的信息：虽然字面上的意义是向钱其琛副总理征询意见，问其是否愿意做出补充，但实际上是委婉地对钱其琛副总理提出要求。并且在增加了语气助词"呢"之后，源语的语气显得更加亲切、平易近人。若将原句直译，反而会让国外记者听众误解原文的信息，所以口译员直接用陈述句将原文含义表达出来，既避免了听众的误解，也将源语中朱镕基总理的亲切语气表达了出来。

(44) 朱镕基总理：在个别的分支机构发生违法事件，我想这不是什么太奇怪的问题。**你们美国不是也出现了安然事件了吗**？（2002）

译文：So it is not surprising that some irregularities have occurred in certain branches. In the United States, **you have the problem of Enron Corporation**.

源语中的"吗"减弱了该反问句的质疑语气，所以直译成英文后译文的强烈语气可能会引起部分外国记者的曲解，从而造成不良的国际影响。而口译员直接将该句话转译成了陈述句，巧妙地缓和了句子中的不满情绪。与此同时，译文前半部分提到了"it is not surprising"，所以相比反问句，将后半部分翻译为陈述句可以很好地呼应前文，也表示该事实是真实发生的，毋庸置疑。

第四节 本章小结

本部分基于1998年至2014年"两会"总理记者招待会语料，对口译过程中讲话者使用的明示话语理解过程中中国特色词汇、隐喻和语气助词的语用功能进行了探究，并且基于语用对等的准则得出了各自的口译策略。

虽然三个语素之间差异较大，但是明示话语阶段所实现的语用功能还是呈现出一定的规律性：大部分语用功能是为讲话者提供服务的，包括：强化语言效果，从而凸显观点；弱化语言效果，从而使得语言更加委婉；宣传国家政策以及祈使等。也有少部分语用功能为听众服务，包括：语言更加生动从而吸引听众；简化语言以及逻辑从而让听众更容易地理解源语；以及引起听众注意以帮助听众更好地抓住原文重点等。

  同时，在此阶段中最常用的口译策略为直译，这样做不仅能够使得译文忠实于原文、最大限度地保留源语的语言形式，也可以使得口译员在时间压力较大的交传当中花费最少精力译出译文。虽然由于并无对等语素的原因，语气助词无法采取直译的方式，但是一定数量的译文都尽量保留原文的形式结构，仅仅增加了语气词。而意译和增译也有一定比例，当直译无法表达出原文的意义和功能时，口译员为了实现语用对等，会采取意译和增译的方式来实现原文中强化语气、简洁语言以帮助听众理解等语用功能。此外，由于本阶段中的话语明示大多语言精练，若再删减，源语中的语用功能难以保留，故减译是此阶段中使用频率最低的策略。

第五章 口译员使用明示话语的语用功能与口译策略

第一节 话语标记语

话语标记语一直是语用学领域的研究重点,其对口译的帮助也是众多学者研究的主题,如李凌(2006)认为在"会议口译中话语标记语可以帮助译员迅速理解并准确传达源语言的信息,提高口译质量"。闫怡恂(2009)借助奥巴马就职演讲凤凰卫视的同声传译版本,说明了"话语标记语对话语意义的理解有指向作用"。尤其是在顺句驱动中,话语标记语能够起到语义的指示作用。许明武(2009)通过对1998年至2008年总理记者招待会以及口译教材中的口译例句进行分析,归纳出了口译附加语,也就是话语标记语的五种不同的语用功能。但是以往的口译相关话语标记语研究大部分仅对有限的一个或几个话语标记语进行了语用分析,只有极少的相关研究是基于语料库的定量分析,没有相关研究是基于语料库的、从口译员输出的角度对话语标记语的语用功能进行系统的定性定量研究。

一、话语标记语相关研究

话语标记语在语用领域的研究从20世纪80年代才开始展开,并主要集中在其定义和功能上:Levinson(1983)将其定义为"表明句子话语之间某种关系的词汇";Schourup(1985)研究了包括"well""like"以及"you know"等"常见话语小品词"的"明示"作用;Fraser(1999)对话语标记语进行了分类；Blakemore(1987，1992，1996)基于关联理论的框架对话语标记语进行了研究。21世纪以来，相关研究数量更加丰富，覆盖到语用学、会话分析以及语言习得等多重领域。

语用学的角度是目前国内话语标记语研究中较具代表性的研究。大部分研究是从关联理论或顺应理论着手，考察一个或几个话语标记语在话语生成和理解过程中的语用功能。例如冉永平(2002，2003)先从顺应理论的角度考察了话语标记语"you know"的语用增量对话语理解的引导与制约，以及"well"在会话过程中的四种语用功能；席建国、郭小春(2008)对评价性标记语语用功能进行研究，并指出其语用功能可以表示讲话者对事物的主观评价以及态度，具有一定的主观倾向性。

对话语标记语进行会话及话语分析的研究主要针对话语标记语如何引出、转换、改变、修补和结束话语，如李勇忠(2003)基于关联理论，提出话语标记语时常在没有前言的情况之下以"标记语+后语"的形式出现，进而分析出其语用功能包括帮助理解、引起注意、表示怀疑、转移话题以及回指功能。

话语标记语在语言习得上的研究主要体现在语言输出的两个环节——口语表达与写作中，其中，李民、陈新仁(2007)通过语料库与问卷调查相结合的研究方法，对中国英语专业学生对于话语标记语"well"的掌握情况进行了研究。作者从英语母语和我国英语专业学生口语语料库抽取的样本分析结合由15个开放性问题组成的问卷得出结论：(1)我国英语学习者使用话语标记语"well"总体上频率较小。(2)我国英语专业学生仅对"well"的"延缓标记语"与"话语分割语"功能掌握情况较好。

以上研究主要集中在话语标记语对话语内部的作用和功能上，如推动、转换、中断等，或是从语言使用者的角度来进行分析，很少从听众的角度进行分析。研究方法上大多也仅仅采用了定量的方式，对语料库的实证研究较少，所以本部分基于自建口译语料库、关联理论以及认知负荷理论对汉英交传中口译员所显化而出的话语标记语进行语用分析。

二、数据分析

将本语料库的所有话语标记语进行搜索、统计，最终从 1998 年至 2014 年"两会"总理记者招待会汉英口译译文中找到了 139 个显化而出的话语标记语。基于 Fraser(1999)的话语标记语分类方式、本研究的语料特点以及汉英交传输出语的特征，话语标记语被分为缓延标记语、解释标记语、逻辑标记语、强调标记语以及其他标记语五类，其具体分布如表 5-1 所示：

表 5-1 "两会"总理记者招待会中话语标记语的语用功能分布

话语标记语	出现频率	出现比例	同传中出现比例
延缓标记语	17	12%	47%
解释标记语	58	42%	10%
逻辑标记语	26	19%	17%
强调标记语	29	21%	8%
其他标记语	9	6%	18%

在表 5-1 中，除了话语标记语在本研究中出现的频率和比例之外，还加入笔者基于 2012 年春晚同传英文译文所统计的比例进行对比。从表格中可知，在交替传译中，口译员主动使用以提升交际效率的标记语，例如解释标记语、逻辑标记语以及强调标记语的比例有了显著提升，占总数的比例从同声传译中的 35% 提升到了 82%，而口译员由于各种原因而被动使用以降低认知负荷的标记语数量有了明显减少，从 47% 降低到 12%（其他标记语的 18% 中，包括填补空白标记语和修正标记语以及其他类型的降低负荷标记语）。造成如此大的比例差别主要是由同传与交传形式以及口译员认知负荷以及压力大小的不同所导致的。

与此同时，通过统计发现，16 年来的"两会"总理记者招待会中共有 51609 个单词和 1336 个句子（除去三个词以内的句子，如"ladies and gentleman"），而增译的话语标记语共出现了 139 次。根据计算，每个句子中话语标记语的平均数约为 0.1 个，这意味着平均每 10 句话中才出现一次话语标记语。考虑到笔者之前同传中话语标记语的统计数据大约为每两句话中出现一次，这意味着 1998 年至 2014 年"两会"总理记者招待会中，口译员英文译文中的话语标记语使用频率较低。

三、话语标记语的语用功能分析

一般来说，在进行口译时，一部分的话语标记语是为了减轻口译员压力，帮助口译员填补空白、争取更多思考时间以及对口译译文进行修补，被称为"被动型标记语"，即由于各种原因被迫使用的标记语，主要在同声传译中使用。另外一种话语标记语主要是为了让译文更具有逻辑、更能够被听众所理解或者接受，在同声传译和交替传译中均有较高频率的使用，即"主动型标记语"。在本部分研究中，由于总理的口译员能力极强且具备非常丰富的口译经验，并且口译类型为交替传译，所以被动型标记语的数量较少，且只有延缓标记语一种。而为了使得译文更具逻辑性并且更容易被听众接受，口译员使用了较多的主动型标记语，包括解释标记语、逻辑标记语和强调标记语。

(一) 延缓标记语

根据 Gile（1997）和 Seeber（2011）的相关研究，口译员需要在短时间内甚至是同时处理多重任务，包括理解源语、记忆相关信息、将源语转换为目标语并且将译语得体地表达出来。如此之重的认知负荷导致口译员在口译过程中时常遇到难以解决的问题，与此同时，许多其他因素也会给口译员造成负担，例如讲话者较重的口音、嘈杂的工作环境、讲话者较快的语速甚至一连串的专业术语等。这些不确定因素和困难有时会导致译员听不懂或者不会翻译。为了应对这样的尴尬，口译员可以使用延缓标记语来暗示听众自己尚未想好句子的译文，为自己争取更多的思考时间。请看以下例子：

（45）CNN 记者：在刚刚结束的全国人民代表大会的闭幕式上，我们看到对于最高人民法院和最高人民检察院的报告，有不少代表投了反对票和弃权票，请问他们的这种反应是不是对于政府打击腐败的能力缺乏信心?

朱镕基总理:我对于今天的表决结果内心既感到沉重,也感到高兴,因为比去年的情况还是好一些,以三分之二的多数通过了这两个报告。(2001)

译文:Question: The closing session of the NPC says there are quite a few no-votes and abstentions on the work report—Supreme Court and Chief Procurator reports. Do you agree that this kind of response from the NPC delegates reflects the lack of confidence in the government's ability to deal with corruption?

Answer: **Well**, after seeing the results of the votes, I do actually feel it is quite serious. But on the whole I feel quite happy because it is a big improvement over the situation last year. Both reports were adopted with over two-thirds majority.

显然,"well"在这里没有实际意义。"反腐败"在中国是个敏感的话题。根据对最高人民法院和最高人民检察院的报告投票结果,这位美国有线电视新闻网记者提出了这个尖锐的问题。这个问题的复杂性驱使口译员使用话语标记语。此外,当朱镕基总理在想答案时,口译员必须考虑如何以适当的方式表达朱镕基总理的想法。朱镕基总理表示第一感觉是"沉重",这意味着这个问题严重。朱镕基总理第二感觉是"高兴"。有一个情感过渡。因此,口译员需要时间来弄清楚这两种情感之间的逻辑联系。一个延缓标记语"well"的使用为他赢得了时间。在这种背景下,朱镕基总理指出,这个问题是严重的,首先,他并不满意,因为有不少反对票和弃权票。但他又表示,他对于比去年的情况好一些感到比较满意。朱镕基总理现在的感觉是"高兴",而不是"沉重"。因此,这个话语标记语的选择满足了延迟翻译的目标,有助于口译员提供一个更好的解释。口译员实现了讲话者和听话者之间的互知互明,达到了最佳关联。

(46)丹麦记者:总理先生,您希望中国人民在您离任之后最记得您的到底是哪个方面?

朱镕基总理：我只希望在我卸任以后，全国人民能说一句，他是一个清官，不是贪官，我就很满意了。如果他们再慷慨一点，说朱镕基还是办了一点实事，我就谢天谢地了。(2000)

译文：Question: And premier, have you got a good idea of what you want the Chinese people to remember you for when you step down after two years time and go to your kitchen?

Answer: After leaving my office, I hope the Chinese people will say: "**Oh**, this premier is clean and honest. He is not a corrupt premier." That will make me very satisfied. And if the Chinese people should be even more generous and say: "**Oh**, this premier, Mr. Zhu Rongji, he has done things which have produced tangible benefits for us." That will be a very generous comment.

这个问题关于中国总理的自我评价，关系到朱镕基总理的形象和声誉。在这里，朱镕基总理给出了一个非常谦虚的回答。源语中的"只"和"一点"表明，朱镕基总理保持低调。口译员不能逐字解释。换句话说，他不应该只是表达朱镕基总理谦虚的态度，还应该表达朱镕基总理非凡的政绩。首先，口译员用"oh"作为延缓标记来获得更多的时间去思考解读。"oh"不仅表示朱镕基总理的谦虚，也表达了中国人民对朱镕基总理的钦佩。然后口译员使用另一个"oh"，这个"oh"具备前一个的大部分功能。此外，它连接了朱镕基总理的完整回答。使用"oh"作为停顿标记，口译员充分和适当地表达了源语的整体性和连贯性以及朱镕基总理的心情。

综上所述，为了应对交替传译的不同情况，特别是在遇到翻译困难的情况下，延缓标记语有多种功能，可以帮助口译员理解源语、吸引听众的注意力，或延迟翻译以争取更多的时间。通过增强讲话者和听众之间的互知互明，延缓标记语的使用实现了口译作为一种语言交际的最佳关联。

(二) 解释标记语

对于口译员来说，非常重要的任务之一就是不仅要翻译出原文的字面意思,还要翻译出其实际含义,包括言外之意。在表达意义时,英文往往会直言不讳,然而中文往往会将大部分信息都蕴藏于语境之中(Edward, 1976)。所以当口译员将一种高语境的语言翻译成一种低语境的语言的时候,也就是汉译英时,就需要将原文隐化了的信息显化。在这样的情况之下,大量地使用解释标记语引导口译员解释原文隐含的信息就显得极为必要了。

在高语境文化中,人们在交际时,有较多的信息量会由社会、文化环境和情景来传递,或内化于交际者的思维记忆深处,显性的语码所负载的信息量相对较少,人们对交际环境的种种微妙之处较为敏感。在低语境文化中,人们在交际时,大量的信息由显性的语码负载,隐性的环境传递出相对少量的信息。也就是说,在低语境文化中的人们习惯借助言语的力量来交际。例如:

(47) 朱镕基总理:因此我们有可能拿出较多的财力来刺激国内的需求。我讲的这个需求就是加强基础设施建设,如铁路、公路、农田、水利、市政、环保设施等方面的建设。(1998)

译文:So, given these good conditions, we have the possibility of channeling more financial resources to stimulate the domestic demand. By stimulating domestic demand, I mean we will increase investment in the construction of infrastructures **such as** highways, railways, and also the farmland construction and water conservancy facilities and municipal facilities and environmental protection facilities.

"基础设施"这个词是具有中国特色的。口译员应向外国记者及听众充分地表达其含义,但他没有足够的时间。在口译员的理解过程中,朱镕基总理指出了一些特定的基础设施。因此,这里口译员使用"such as"来解释中国政府主要关注哪些基础设施建设,如公路、铁路的建设,还有农田建设、水利设施、市政设施和环境保护设施。口译员应用解释标记语达到告诉听众"基础设施建设"这一中国特色词汇的特殊含义的交际目的。从关联理论角度,讲话者表达信息的意图明示无疑。然而,由于东方和西方的文化差距,听众不一定能完全理解。口译员用"such as"为解释标记,避免了这种误解,实现了最佳关联。

(48)朱镕基总理:按这个数目来统计,当然亏损面很大。但是,请大家注意,其中500个特大型的国有企业,它们向国家交纳的税收和它们自己的利润就占了全中国的利润和税收的85%。(1998)

译文:So, in terms of the number of these loss-making enterprises, **it seems that** the loss-making percentage is very high, but here I'd like to call your attention to this fact, that in China we have 500 extremely large or mega state-owned enterprises, whose profits and taxes turned into the state account for 85 percent of the total.

原文含有一定的背景信息,口译员需要帮助听众理解要点。按照国际惯例,国有企业是指由中央或联邦政府投资的企业。在中国,一个国有企业的所有权不仅属于中央政府,而且属于地方政府,特别是大型或特大型国有企业。否认大型或特大型国有企业等于否认中国经济的中坚力量和政府的政绩,尤其是地方政府的政绩。在这里,显然朱镕基总理并不认为国有企业的损失率高。口译员选择"it seems that"作为解释标记,帮助外国记者和听众理解朱镕基总理的真实意图——大型或特大型国有企业的亏损率并不高。相反,大型或特大型国有企业创造了大量的利润,有助于中国国民收入的增长。从关联理论的角度来看,采用"当然"标记语,朱镕基总理试图通过明示传达一个简单的想法。口译员将"it seems that"作为解释标记,确保听众可以在缺乏背景知识的情况下理解源语,从而实现了最佳关联。

(49)朱镕基总理:什么叫"三个到位"呢?第一个到位就是我们已经确定了我们在三年左右的时间里面要使大多数的国有大中型企业摆脱困难,进而建成现代企业制度。就是说,三年必须办好这件事情。(1998)

译文:By "Three Put-into-Place", **I mean** first put-into-place, that is, we have decided to enable most large and medium-size state-owned enterprises to be lifted from their current difficult situations in about three-year's time, and then to establish a modern enterprise system in these enterprises. That is to say, we must do this job well in three years' time.

语境中"三个到位"的翻译是关键所在。首先，口译员采用"I mean"作为解释标记，表明他完全理解朱镕基总理话语的含义。其次，口译员需要清楚地向外国记者及听众解释"三个到位"的含义。再次，口译员需要找到一条途径实现最佳关联，帮助讲话者和听众之间相互理解。在语料中，朱镕基总理并没有一次性解释"三个到位"的全部含义。相反，他只解释了第一个"到位"的意义。同时，由于时间限制，口译员也不能解释"三个到位"的全部含义。因此，口译员使用了"I mean"作为一个解释标记来阐述第一个"到位"的含义，并提示听众接下来会阐述后两个"到位"。

（50）温家宝总理：第二，加快推进内地涉及港澳的基础设施建设。在这里我也清楚地表明，港珠澳大桥融资问题已经解决，各项准备工作加紧进行，年内一定开工。（2009）

译文：Number two, we want to accelerate the infrastructure development concerning the Chinese Mainland, Hong Kong and Macao. I want to make it very clear here that **actually** the financing problem plaguing the Hong Kong, Zhuhai and Macao bridge project has already been resolved and preparations are being made very intensively. We will try to make the construction start before the end of this year.

显然，"actually"是口译员添加的解释标记语，无实质意义。语境中，温家宝总理提出覆盖中国内地、香港和澳门的基础设施发展。但这并不代表中国内地、香港和澳门的基础设施发展缓慢。口译员需要在译出第一层含义的时候，确保听众不会产生误解。因此，口译员使用"actually"作为解释标记来确保听众对源语有一个正确的理解。这意味着口译员向听众表达了两层含义：首先，提升中国内地、香港和澳门的基础设施建设速度已取得阶段性成果。其次，我们仍然有许多工作要做。此外，根据关联理论，听众倾向于去理解讲话者通过明示传达的意义。语境中，温家宝总理熟悉中国基础设施发展的情况，但是听众并不熟悉。口译员采用"actually"作为解释标记来确保听众和讲话者交流顺畅。

总之，以上的解释标记语说明在交替传译过程中，解释标记语的功能有开启假设、暗含或解释，以满足话语中的交流目的。同时，根据 Sperber 和 Wilson 的关联理论，语境假设是讲话者和听众的共同前提。语境假设改变了以后，为了寻求最佳关联，在此部分，口译员不得不添加解释标记语，诸如"it seems that""such as""I mean"以及"actually"，促进听众理解源语的暗含意义而非字面意义。

(三) 逻辑标记语

"连贯"是指基于语法和词义的句子或更长篇幅中几个部分之间的密切联系，同时包含文本内语义的关系，有了这种关联才能被称为一篇文本。有关句子内部的逻辑关系，有四种较为常见，分别为：递进，转折，因果以及时间先后关系。

口译中，源语和目标语的翻译虽不是以书面形式进行，但是连贯而有逻辑的语言对于口译的质量以及听众的理解至关重要。尤其是考虑到汉语属于意合语言，英语属于形合语言（王力，1947）。在汉译英中，口译员必须将少用甚至不用连接手段的汉语，翻译成具有连接词、语、分句或从句的英文，所以大量地在译文中增加表示逻辑或者连贯的标记语成了必须。在本研究中，所有增加了话语逻辑性和连贯性的标记语统称为逻辑标记语，例如连接标记语、时间标记语、对比标记语等。例如：

(51) 朱镕基总理：很多各级政府机关在国家规定以外来征收各种费用，使老百姓负担不堪，民怨沸腾，必须整顿和改革。(1999)

译文：The various government institutions have out of the provisions of the ... or regulations of the state charged the various kinds of fees from the people. As a result the people are very heavily burdened and they have a lot of complaints about that. So this phenomenon must be reversed and we must have a reform in this regard.

语境中，"政府机关"并不是一个整体的含义，而是包含了两层意义："政府"和"机关"。口译员应该格外注意信息传递的"连贯"。由于讲话者和听众之间互知的缺失，虽然讲话者明白自己所说的话的含义，但听众不明白。此外，听众只有一次机会来弄清讲话者的意思，即借助交替传译这一口语交际的特殊形式。因此，口译员采用"or"作为逻辑标记语使翻译更为听众所接受，以达到交流的目的。通过使用逻辑标记语，口译员帮助听众理解了"政府"和"机关"这两个词的含义和两者之间的并列联系。

（52）朱镕基总理：我想这四年本届政府做成了很多事情，特别是刚才讲的克服了亚洲金融危机，而且利用这个机遇，空前地发展我们自己。（2002）

译文：Over the past four years, this government has achieved a lot, especially in overcoming the impacts of the Asian Financial Crisis on China as I mentioned earlier. **Moreover**, we managed to constantly develop ourselves during this period.

语境中，朱镕基总理表达了两层含义：首先，政府取得了很多成绩。其次，我们设法取得了持续发展。第一层含义是句子含义，第二层含义是讲话者含义。口译员需要传达出这两层含义以达到最佳关联。同时，这两层含义之间还有一个渐进关系。朱镕基总理使用的逻辑连接词是"而且"，但直译这个连接词不能充分体现两句之间的渐进关系。因此，口译员做出了改变，用"moreover"取代"and"（而且）来充当逻辑连接词。此处，"moreover"作为逻辑标记，可以帮助听众理解源语的渐进关系，理清原文的逻辑，帮助听众更好地理解译文。

（53）朱镕基总理：同志们知道，分流出来的这一半人要经过培训，还要考虑他们本人的志愿，把他们分配到合适的位置上去，这个当然需要比较长的时间。（1998）

译文：As you can understand, they need to be retrained and their own personal wishes should also be taken into account, **so that** they can be assigned to the posts in which they can best display their competence and their skill, **so that** will take a fairly long time.

源语中，朱镕基总理并未使用逻辑连接词。但是很明显，朱镕基总理的讲话通过意合建立起了因果联系。因此,口译员采用"so that"作为逻辑标记语来指出源语中的逻辑关系。值得注意的是,"so that"作为逻辑标记在译文中出现了两次,这表明此处有两层因果联系。口译员采用逻辑标记语来减少听众的认知负荷,以达到交流目的。此外,语境中讲话者以及听众之间缺少互明。讲话者能够完全理解这个问题,听众受限于文化差异难以完全理解。因此,口译员使用了一个逻辑标记语来达到最佳关联。

(54)温家宝总理:最近在西藏,主要是在拉萨,发生了打、砸、抢、烧事件。这起事件严重破坏了拉萨正常的社会秩序,给拉萨市人民群众生命财产带来极大的损失。(2008)

译文:Recently in Tibet, especially in Lhasa, there has been an incident of beating, smashing up properties, looting and arson. **As a result**, public order in Lhasa was gravely disrupted and heavy losses of life and property were inflicted.

显然,该语境中的逻辑关系是因果联系。温家宝总理并未使用连接词,只是用"这起事件"来代替"打、砸、抢、烧事件",并且阐述了这起事件的严重后果。因此,口译员使用"as a result"这一表达来提示温家宝总理话语的逻辑,并实现最佳关联。

(55)温家宝总理:我真诚希望美欧承认中国的市场经济地位,并且放开高科技产品对中国的出口,这有利于贸易的平衡。(2010)

译文:I sincerely hope that Europe and the United States will recognize China's market economy status and lift restrictions on the exports of high technology commodities to China **because** that will help promote trade balance in the world.

源语中存在因果联系,因是"放开高科技产品对中国的出口",果是"有利于贸易的平衡"。温家宝总理使用了"这"作为关联词。因此,口译员使用"because"作为逻辑标记语来体现温家宝总理源语的逻辑关系并实现最佳关联。

总之,合适的口译需要深度理解话语语境。口译员必须确保其翻译的准确度和流利度，避免误译造成听众的错误理解。使用逻辑标记语，诸如"or""moreover""so""as a result"以及"because"，不仅使得译文更加通顺，也理清了原文的逻辑，使其更容易被听众理解。

(四)强调标记语

在口译中，听众只有一次机会听取译文，没有重复再听的机会。所以当接下来的话语中有重要信息的时候，口译员需使用强调标记语对听众进行提醒，以引出后面的重要信息，避免重要信息被听众遗漏，以加强沟通的效果。例如：

(56)李克强总理：你说到的黑客攻击问题，这可以说是一个世界性的问题，中国本身就是主要的被黑客攻击的受害者，中方不仅不支持，而且强烈反对黑客攻击行为。(2013)

译文：You also asked about hacker attacks. This is a worldwide problem. And in fact, China itself is a major target of such attacks. China does not support, **indeed**, we strongly oppose to such activities.

关于黑客攻击的问题，李克强总理有两层解读："不支持"以及"强烈反对"。很显然，第二层解读更为重要。"不支持"表明中国政府的态度，而"强烈反对"是李克强总理强调的地方。因此，口译员采用"indeed"作为强调标记来吸引听众的注意，帮助听众理解讲话者的两层含义并加以区别，一次达到最佳关联。

(57)朱镕基总理：但我感到满意的是，我们在以江泽民同志为核心的党中央领导下，依靠全国人民的努力，我们站住了，这两个困难我们都挺过去了。这是不容易的，所以我在《政府工作报告》中说了一句："来之不易"呀！(1999)

译文：What I am satisfied with over the past year is that, under the leadership of the Central Committee of the Communist Party of China with Comrade Jiang Zemin at its core and with the concerted efforts of the entire Chinese people we have overcome these difficulties and stood rock-solid. I think that this was indeed very difficult. That's why in my report on the work of the government, I said the achievements **really** are very hard won.

"来之不易"的翻译显示了强调标记的功能。首先，结合语境，中国政府能克服这些困难不容易，口译员需要先传达这一层意思。其次，"来之不易"这个表达体现了朱镕基总理深厚的感情。因此，口译员使用"really"作为强调标记来强调上述两层含义并且实现最佳关联。

(58) 李克强总理：当然，中国的贸易，包括商品的贸易，未来几年都会继续增长，这对世界是一个巨大的机会，对于中国企业也是在公平竞争当中提升企业层级的好机会。(2013)

译文：The important thing is to further opening up the service sector, of course, looking ahead, our trade, **especially** trading goods, will continue to grow and even at a high speed in the years ahead.

此处，口译员并未直译"包括"，相反，口译员将其译为"especially"。由于文化差异，外国听众可能无法理解在中国，商品贸易是整个贸易中极其重要的组成部分，因此，译员使用"especially"作为强调标记来吸引听众的注意，强调商品贸易的重要性，实现最佳关联。

总之，"两会"总理记者招待会的语境是微妙敏感的，这会对口译员造成困扰。口译员必须找到一种方式解决困扰。此外，作为交流的桥梁，口译员不仅需要理解明说，更要解释暗含。使用强调标记语，诸如"indeed""really""especially"可以达到此目的。

四、话语标记语的显化策略

将所有增译的话语标记语进行归类、编码和分析之后，发现除延缓标记语之外，接近90%的话语标记语都是显化而来的。基于张其帆(2009)和胡开宝、陶庆(2009)对汉英口译中显化的分类和动因分析，本研究中显化而出的话语标记语策略有三，分别为：背景性显化、语言差异性显化以及译员主体性显化。

(一) 背景性显化

中英两种语言中所包含的文化完全不同，一些对于中文听众来说耳熟能详的概念对于英文听众来说可能闻所未闻。虽然大多数参与采访

"两会"总理记者招待会的国外记者对中国的情况以及具有中国特色的词汇有一定了解,但是由于此类场合总理使用中国特色词汇的频率高、词汇新,所以通过话语标记语引导解释,会达到显化语境的目的。

(59)朱镕基总理:第一,我们政府机关庞大,吃饭财政,把钱都吃光了。(1998)

译文:**So we call**, it's like eating finance or eating budget. **That is to say**, most, a large proportion of the budget have been earmarked for paying the salaries of the government functionaries, so all the money actually have been eaten up.

上文中"吃饭财政"是一个中国特色词汇,虽然仅有四个字,但实际意义为"政府的财政收入只能维持公务员工资以及基本政府运营费用,而没有额外资金进行基础设施建设和投资"。如此丰富的意义在译文中必须进行详细的解释以显化语境内容,于是口译员增译了两个解释标记语:"so we call"和"that is to say",提醒听众注意,同时引出后文解释,帮助听众理解。

(二)语言差异性显化

中英两种语言之间的词汇、语序、句法规则、语态、语篇乃至习语修辞上有着显著不同,如果采取直译或者"紧贴原文"的翻译策略,不仅会使得译文语法与表达不符合译语的表达习惯,同时可能无法翻译出讲话者的原意,例如:

(60)朱镕基总理:国有企业在三年里面已经脱困,很多企业职工的工资也有很大的提高。离退休的职工由于社会保障体系的完善,也提高了他们的待遇。我想他们都是很高兴的。(2002)

译文:And over the past three years, we have managed to turn around the majority of large and medium-sized state-owned enterprises. **As a result**, most of the employees have seen their salary going up significantly. And thanks to the improvement of the social security system, the retirees are also getting more benefits. I believe all these people are happy.

中文讲究意合,而英文讲究形合,所以中文句子内部以及句子之间的联系主要靠语义本身内在的关系，并不是依赖话语标记语、连词等来连接句子。而英文更加强调通过话语标记语、连词等"黏合剂"将句子串联起来，使得其逻辑更加清晰，更容易让人理解。在原文中，前后两句的关系是从其意义中的联系推导而出，为因果关系；而在译文中，若前后两句之间没有话语标记语对其关系进行明示，会使得英文听众较难抓住原文句子中的联系，从而造成信息理解的缺失。又如：

(61) 朱镕基总理：同志们知道，分流出来的这一半人要经过培训，还要考虑他们本人的志愿，把他们分配到合适的位置上去，这个当然需要比较长的时间。(1998)

译文：As you can understand, they need to be retrained and their own personal wishes should also be taken into account, **so that** they can be assigned to the posts in which they can best display their competence and their skill, **so that** will take a fairly long time.

由于这句话是朱镕基总理对记者提问的即兴回答，所以结构较为松散，且句子信息量大、语义转折多。从分流出来的人员再就业的先决条件谈到再就业的目的，一直到再就业的时间需求都做了解释。如果将原文直译，英文听众会因为缺乏话语标记语的引导而导致漏听或者信息难以理解等问题。通过两个"so that"对句子进行梳理和引导，不仅使得句子的结构更加清晰，更符合英文听众的习惯，还实现了排比，达到了强调信息的作用。

(三) 译员主体性显化

口译员作为口译活动的实践主体，也是汉英交传中显化的主要动因之一。因为显化的实际意义是为了增强译文的可理解性，对原文的文化内涵、语义和语用功能所作出的诠释，所以优秀的口译员会对源语进行复杂的处理，显化译文，提高译文的易接受度。与此同时，由于口译的译文收听是一次性、无法"倒带"重听的，所以在译到重点内容或者是听众有必要关注的信息时，口译员往往会减慢语速、提高声调或者显化强调标记语，以提醒听众注意，请看下例：

(62) 朱镕基总理：要改变这个政策，这整个的改革方案已经进行

了多年。我们准备今年下半年要出台新的政策:停止福利分房,一律改为商品房。(1998)

译文:And we expect to issue a new policy in the second half of this year after many years of studying and deliberation on that. **That is to say**, **according to the new policy**, we will stop all the allocation of welfare housing, and all the housing will be commercialized.

原文中的最后一句话对当时中国房地产行业乃至中国经济无异于爆炸性的新闻,将完全改变中国百姓住房获取的渠道。所以在译文中一定要通过特殊方式凸显出来,所以口译员显化了强调标记语"that is to say"以引起听众的注意,同时增译了"according to the new policy"给予听众们更多时间缓冲,从而达到最好的信息传递效果。又如:

(63)朱镕基总理:我们欢迎外国朋友批评我们的工作,但你不要太急了,我比你还急嘛!(1999)

译文:Foreign friends are welcome to criticize us in our job but do not be too impatient. **Actually**, I am more impatient than you are.

原文中的重要信息在最后一句话,意在表达朱镕基总理希望能尽快健全我国法制、保障人民人权的急切心情。虽然总理的身份以及说话语气使得汉语听众能够理解到当时总理的信心与决心,但是如果口译员采取直译的方式来处理原文,其效果必然受到影响。所以在重点信息之前加入"actually",以显化总理及中国政府的坚定信念与决心。

第二节 模 糊 语

1965年,美国科学家Zedeh发表了著名论文《模糊集》(*Fuzzy Sets*),提出了一种广泛运用于数学、逻辑学、哲学、心理学、语言学及其他学科的新边界理论。Zedeh的理论引起了世人的兴趣,同时也提供了描述模糊语的有效工具。此后,有关模糊语的研究层出不穷:George Lakoff (1972)提出模糊限制语概念,并从模糊语义及模糊逻辑角度对模糊限制语的功能进行了研究。Kempson(1977)讨论了语义理论中的语义模糊。Lyon(1977)论述了语义学中的语法歧义。Labov(1978)将模糊理论引入语法范畴研究中。国内相关学者也对模糊语的语用失误、翻译策略,以及语用功能进行了相关研究。伍铁平(1979)提出了"模糊语言学"这一概念。之后,模糊语引起了诸多学者的关注。不同学者从其语用失误(白海瑜、惠春琳,2004)、翻译策略(张梅,2004;王心洁,2005)、英汉对比研究(杨平,2001)等角度进行了分析,但是大多数文献还是对其语用功能(邓贤贵、刘正喜2000;董光音,2005;费建华,2004)进行了研究。

大多数模糊语的相关研究主要在其语用功能上,其翻译策略的讨论主要侧重于笔译而非口译,并且对于口笔译中重要的共性——显化并未有相关讨论。因此,本书借助自建语料库,对汉英口译中模糊语的语用功能及其显化策略进行讨论。

一、模糊语的分类与语用功能

不少学者从不同方面对模糊语进行了划分(Prince, et al., 1982; Channel, 1994)。Prince 等(1982)将模糊限制语分成了变动型模糊限制语(approximators)和缓和型模糊限制语(shields)两种。其中,变动型模糊限制语可进一步分为两类:一为揭示话语的真实程度的程度变动语(adaptors),二为描述指定话语变动范围的范围变动语(rounders)。而缓和型模糊限制语也可分为直接缓和语(plausibility shields)与间接缓和语(attribution shields)两种,其中前者是以第一人称的主谓结构或副词来表达不同程度的不确定性,而后者是以第三人称的角度来表达不确定性。Channel(1994)对模糊语给出了一个更偏向语用学角度的分类。她将模糊语分为三类:第一类为模糊添加语,即在一段原本精确的语句中添加模糊词或短语,使其意义模糊;第二类为本身意义就模糊的词语;第三类为表面精确实际模糊的词语。其实在 Channel 的分类中,第一类模糊语就是模糊限制语。综合上述两种分类方式以及口译员语言输出的特性,本研究将模糊语划分为五类,即程度变动语、范围变动语、直接缓和语、间接缓和语以及模糊词。

对模糊语语用功能的相关研究较为丰富，但是并没有达成一致。如邓贤贵、刘正喜(2000)认为，模糊语的语用功能主要有：(1)故意模糊。(2)概括性的描述。(3)夸张语气。(4)缓和语气。(5)信息不足。张梅(2004)总结，在医学英语中，模糊语的语用功能主要为：(1)表示尊重。(2)增加话语信度。(3)规避责任。白海瑜、惠春琳(2004)指出，模糊语的语用功能主要为：(1)概括总结。(2)表示礼貌。(3)表达委婉。(4)表达同情。(5)表示强调。(6)规避责任。通过对上述语用功能进行归纳总结，结合本研究语料特点，总共发现有五类上述语用功能较高频率地出现在本语料库中，分别为：(1)强调态度。(2)表达适量信息。(3)规避责任。(4)顾全面子。(5)信息不足。加上口译以及口语表达的特点，又发现了使语言更生动和提升语言效率两种语用功能。

作为口笔译过程中的普遍特性之一(Baker, 1996)，显化也一直是研究者关注的重点之一。但是国内笔译研究主要侧重于基于笔译语料库进行的显化分析，如刘泽权、陈冬蕾(2010)以《查泰莱夫人的情人》三个汉译本为例，对其译本的显化程度和频率作出了比较。董敏、冯德正(2015)对英汉平行科技语料库中的逻辑关系显化进行了分析，并对显化策略的语言学动因进行了解释。其中最多的是针对人称代词的显化研究，其中黄立波(2008)、佟玉平(2014)、王克非、胡显耀(2010)分别从英汉笔译语料库和汉译与汉语原创语料库进行对比研究，尝试揭示人称代词在翻译中显化的原因。而口译相关研究，包括张其帆(2009)以温家宝总理的讲话英译为例，描述了口译中显化策略的四种分类。而唐芳、李德超(2013)则通过职业口译员和学生口译员的交替传译实验，尝试对比其显化策略的使用差异，并分析其成因。

总结前人相关研究，我们发现：(1)大多数模糊语语用功能研究只是对模糊语不同语境下的语用功能进行定性分析，很少有基于语料库对所有模糊语给出全面分析的研究。(2)现有的显化研究以笔译为主，口译研究较少；其研究对象以人称代词为主，对模糊语的显化研究很少。(3)目前大多数显化策略都是基于显化的四种分类进行讨论，很少有研究从语用学的角度，对显化的成因以及策略进行分析。鉴于此，本部分通过1998年至2014年"两会"总理记者招待会汉英口译语料库，对模糊语在汉英口译中的分布以及语用功能进行分析，进而总结出其显化策略。

二、研究设计

（一）研究问题

本研究试图回答以下三个问题：

(1)"两会"总理记者招待会汉英口译中模糊语的显化频率如何？

(2)"两会"总理记者招待会中显化而来的模糊语的语用功能有哪些？

(3)汉英口译中模糊语应采取何种显化策略来实现其语用功能？

（二）研究步骤

首先，对本语料库汉英口译中原文和译文中所出现的五类模糊语进行统计，计算出原文、译文中的词频，以及采取直译、转译、显化、隐化策略进行翻译的模糊语数量比例。

其次，将原文以及译文中出现的模糊语制成双语平行语料库，并根据原文、译文以及前后文语境由作者及两位参与研究的口译研究生共同分析出所有显化而出的模糊语所对应的语用功能。

最后，根据上下文以及其语用功能，确定每个模糊语的显化策略，用Microsoft Excel将全部例子进行标注和统计，并选择个案进行分析以得出模糊语的显化策略及其动因。

三、数据分析

通过语料库中标注的信息，本研究统计出了不同类型的模糊语在本语料库中的译文原文比和显化率、所实现的不同类型语用功能的频率以及采取不同显化策略的频率。期望从数据的角度分别回答三个研究问题。

（一）模糊语的频率分布状况

经统计，本语料中，口译员在译文中使用的模糊语共计598个。平均不到 7 句话出现一次。考虑到模糊语的特殊情况以及"两会"总理记者招待会为较为正式的场合，这个频率已经较高。各类模糊语的分布频率如表 5-2 所示：

表 5-2 "两会"总理记者招待会交替传译中单个模糊语分布状况

模糊语类型	原文中数量	译文中数量	译文原文比	显化数量	显化率	隐化数量	隐化率
模糊词	97	178	184%	103	106%	22	23%
直接缓和语	86	140	163%	63	73%	9	10%
范围变动语	58	99	171%	57	98%	16	28%
程度变动语	52	82	157%	43	83%	13	25%
间接缓和语	77	90	117%	18	23%	5	6%
总计	370	589	162%	284	77%	65	18%

通过上表可以发现，除了间接缓和语之外，其他四类模糊语的译文原文比都处于较高的水平。其中模糊词的译文原文比最高，达到了 184%，主要原因为译文中一半以上的模糊词都为显化而来，所以尽管其隐化率达到了一个较高的水平，其总的译文原文比仍然最高。主要原因有二：其一，模糊词在本研究中实现的语用功能最为丰富，是口译员实现译文与原文之间语用对等的重要工具。其二，英语在词汇层面上的表达往往较为抽象，而汉语则较为具体，所以在汉英口译中，口译员将较为具体而非模糊的词汇翻译成了抽象模糊的词汇。虽然间接缓和语在原文中出现频率较高，但是由于大多数情况之下是用来表示话语中所提到的信息来源渠道，所以在译文中可以采取直译的方式进行处理。同时，显化而出的间接缓和语在译语中所能实现的语用功能较为单一，所以较低的显化率使得其译文中的数量与原文较为接近。

(二) 模糊语所实现语用功能的频率分布状况

通过上述数据我们发现，显化已经超过了直译与转译，成为模糊语汉英口译中最频繁使用的口译策略。要了解显化策略频繁使用的成因，必须先了解所有显化而出的模糊语在译文中的语用功能。据统计，显化而出的284个模糊语总共产生了7种语用功能，其具体语用功能分布如下：

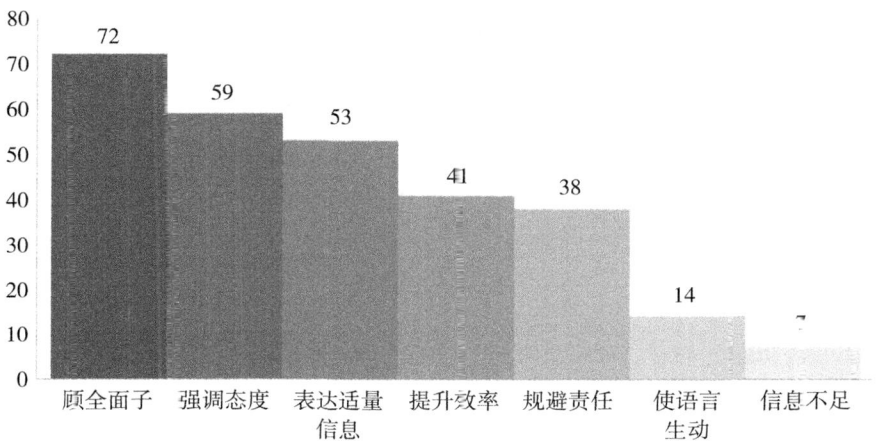

图5-1 "两会"总理记者招待会交替传译中模糊语语用功能分布

从图5-1中可以看出，在口译员显化的模糊语语用功能中，顾全面子功能排在首位。这与本研究中语料的特殊性相关，在"两会"总理记者招待会中，不可避免地会提到我国现有的问题与矛盾。为了缓和讲话者与听众之间的关系，口译员会在译文中显化模糊语来弱化所描述问题的严重性以缓解潜在冲突。另外，其他几类能减少讲话者与听众之间障碍的语用功能，如强调态度、规避责任等，在译文中的比例都较高，这说明在汉英口译中，较多模糊语的语用功能是为了减少交际双方的沟通障碍。除此之外，语用功能为表达适量信息的模糊语比例也较高，概括总结的主要目的是为了让听众更容易理解译文，让讲话者与听众之间的沟通更加顺畅。与此同时，提升效率与生动语言也有相当比例，说明在汉英口译中，较多模糊语的语用功能是为了提升译语的语言质量。所以在交传中，模糊语的运用不仅与口译质量相关，还可以达到交际目标，缓解潜在冲突，在话语中保全双方面子，以帮助讲话者达到更好的社会交际目的。

(三) 模糊语语用功能的实现方式

将每类模糊语的分布与其所实现的语用功能数量进行对应后，可以得到每一类型模糊语所实现的各种语用功能的数量，如表 5-3 所示：

表 5-3 单个类型模糊语所实现的语用功能分布

模糊语类型	数量	实现功能种类	信息不足	使语言生动	规避责任	强调态度	表达适量信息	顾全面子	提升效率
模糊词	103	5		14	18		20	10	41
直接缓和语	63	2				54		9	
间接缓和语	18	3	7			5		6	
程度变动语	43	2			20			23	
范围变动语	57	2					33	24	
总计	284	14	7	14	38	59	53	72	41

通过上表可以得出两条结论：(1) 除了模糊词和间接缓和语之外，每类模糊语都仅仅实现了两种语用功能，这说明每类模糊语在汉英口译中译文的语用功能都较为固定。(2) 除了顾全面子这一种语用功能之外，其他每种语用功能主要由一至两种模糊语来进行实现。如使语言生动这类语用功能全部是由模糊词来实现的，而强调态度这类语用功能的 92%（54次）都是由直接缓和语实现的，这说明大部分模糊语的语用功能实现方式是有较为明显的规律和方式的。

四、汉英交传显化而出模糊语的语用功能及显化策略

(一) 表达适量信息

美国哲学家 H. P. Grice (1975) 指出，讲话者或写作者倾向于以其特定的方式使用语言。基于这一观点，合作原则 (CP) 适用于每一个讲话者。在交替传译过程中，口译员将模糊语用作一种交际策略，以交际为目的，为听众提供或更概括或更具体的信息，以表达适量的信息，以方便听众更好地理解译文，同时避免混淆和误解，如：

(64)温家宝总理：中国面临巨大的就业压力。中国 13 亿人口有 9 亿农民，说是目前没有摆脱贫困的有 3000 万**左右**，但是大家知道，这是低水平的，每年**人均收入** 625 元的标准。（2003）

译文：China is under tremendous pressure for employments. Our population is 1.3 billion, of which 900 million are farmers in the countryside; **more than** 30 million farmers are still living under the poverty line, with the per capita income only 625 yuan **or less**. We all know that it is of a low level.

在源语中，"3000 万"与"625 元"两个数据并没有给出具体的范围，其中 3000 万后用"左右"来表示数值的范围是大概的，而 625 元则应该是一个"形式精确、意义模糊"的数字。而口译员在此将"3000 万"的范围显化成了 3000 万以上，而将"625 元"的范围显化成 625 元以下，通过范围变动语进行显化，将原文本来模糊的信息变得更加精确，使得外国媒体能够对中国贫困人口多、贫困人口人均收入低有更准确的了解。

(65)朱镕基总理：本届政府全部改造了农村的电网……这都是**实实在在地摆在那个地方的**。（2002）

译文：We have also upgraded the power grids in the rural areas… All of these are **very real progress.**

源语中"实实在在地摆在那个地方的"是一句较为口语化的表达，意为"可以看得到的实际进步"。当口译员处理该句时，如果将原文的字面意义译出，听众将很难理解译文的意义。而口译员将原文显化为"范围变动语+模糊词"的形式"very real progress"，使听众更贴近原文的信息，从而简化听众的理解，达到更好的交际效果。

通过表 5-3 中的数据及上述例子分析，表达适量信息这种语用功能主要靠模糊词和范围变动语来实现。这是由于在汉译英中，原文过于模糊或精确，如例 64 中的"3000 万左右"和"625 元"，使得直译并未能够达到讲话者所期望达到的语用功能。或者如例 65 中的口语化表达会导致译文过长或者难以理解，在这样的情况下，使用所指范围较广的模糊词和范围变动语来表达译文会产生更好的交际效果。

(二)提升效率

语言的简洁性对于提升语言的质量有着重要的作用,正如莎士比亚说过的"Brevity is the soul of wit"。在口译中,提供简短并且达意的译文也是衡量口译员能力的重要标准之一,而且简短的译文对表达效果、译文的易理解程度都有很大的帮助。所以在汉英口译中,口译员会使用模糊语提升译文的语言效率,使得译文更加简短有力,如:

(66)朱镕基总理:我们正在改进。你可以看到,将来**更多的案件**会要**在报上公布**,接受人民群众的监督。(2000)

译文:But I believe the Chinese are **improving their coverage** of corruption and more and more cases will be **publicized**.

源语中,"更多的案件"意为案件数量越来越多,"在报上公布"意为在报纸上刊登。但如果口译员仅仅翻译源语的字面意思,不仅会削弱译文的力度,还会使其冗长。如我们所见,信息的传递不仅要注重准确性,也要注重快速和简洁。因此在某些情况下,模糊语可用少量语言传递足够数量的信息,且让人们更有效地判断复杂的信息。如下例:

(67)朱镕基总理:而是你这个赤字的水平是否在**承受能力以内**。(2002)

译文:Most important thing is whether such a deficit is **affordable.**

此例中,口译员又一次使用了模糊词来将句子明显缩短,并且达到了交际目的。源语直译为"under the tolerance capacity"。如果口译员使用该版本,输出便会冗长无力,因此,在此例中,模糊词"affordable"成功达到了交际目的。

提升语言效率最有效的方式就是使用较少数量的词汇表达较多意义,在五类模糊语中,模糊词是最具备此特征的类型,所以此类语用功能全部都使用模糊词来实现。值得一提的是,此类语用功能需要口译员和听众拥有相同的文化背景知识来保证听众对译文的理解。所以通过显化实现简明语言的语用功能对口译员的跨文化交际能力也有较高要求。

(三) 顾全面子

在交际当中，讲话者在描述较为尴尬或者不太好提及的话题时，往往会使用模糊语来隐藏或者弱化信息，以保全讲话者自己或者听众的面子。在"两会"总理记者招待会这种场合较为敏感的政治性题材的口译现场交流中，口译员也会选择在译文中额外增加模糊语，以隐藏或弱化信息从而顾全讲话者或听众的面子。如：

(68) 朱镕基总理：也就是说，各级政府机关除了必要的规费以外，不允许**巧立名目**向人民群众收费。(1998)

译文：That is to say, except for some necessary and proscribed fees, the government institutions at various levels are prohibited from levying **various charges or fees** from the people in **various kinds of names**.

"巧立名目"一词如果译为"concoct various pretexts"，带有些许贬义。这句话表现出朱镕基总理对限制政府机关收取不必要费用行为的强烈信心。口译员两次使用了中性范围变动语"various"，以隐藏之前收取某些不合理费用的行为。

(69) 朱镕基总理：你刚才说，这件事**影响**了一些日本银行的债务，我感到遗憾。(1999)

译文：I regret that this problem **has somewhat affected** some Japanese banks.

口译员在口译中加入了程度变动语"somewhat"，不仅为中方保全了面子，也为日方保全了面子。由于模糊语"somewhat"有多种解释，对于不同的听众来说其程度可轻可重。因此，讲话者和听众可依其兴趣选择释义。

在上述例子中，口译员会使用信息量更少，也就是更模糊的语言来保全讲话者或听众的面子，而所有模糊语都具备此特征，这也导致了此类语用功能的实现方式较为多样，五类模糊语实现此类语用功能的分布较为平均。虽然在译文与原文中信息量的不对等通常被认为是有悖翻译质量准则的，但在政治性题材的汉英口译中，由于交际双方不同的语言和文化背景所造成的认知错位，这样的显化却是恰当而又必要的。

(四)强调态度

众所周知,政界人士总是代表政府或政党发表言论,因此他们的工作包括政策制定、陈述批评、维护其政治决定、对其政治对手的政治思想或行为发表评论。因此,使用模糊语来表明讲话者的观点,加强其态度便成为必须,如:

(70)朱镕基总理:只要双方从大局出发,从促进国际市场的繁荣和稳定出发,大家都做一点让步,**那么**达成协议是很有希望的。(1999)

译文:As long as the two sides can make concessions based on the larger interest and out of the large interest of promoting prosperity and stability in respect of the world market and trade, **I am very hopeful that we will be able to reach an agreement.**

本句内容是关于中国谈判加入WTO。其中直接缓和语"I am very hopeful that"明确表明了中方政府愿做出让步以加入WTO,且政府对谈判前景很有信心。

(71)温家宝总理:第四,政府机构改革。这个方案大家都已经知道了。**关键**在于政府职能的转变,成败与否在此一举。(2003)

译文:Fourth is the institutional reform of the government. The plan of the reform has been made well known to you all. **I think** this reform actually is a make-or-break reform for the transformation of the functions of the government.

此例中,温家宝总理明确指出了改革的重要性及改革与转变政府职能之间的关系。本句中,口译员加入直接缓和语"I think"意为,总理并非想含蓄地表达其观点,相反,他在向世人宣称,他深谙制度改革的要点,对达成目标信心十足。

强调态度主要是通过加强讲话者的语气来实现。五类模糊语中,只有直接缓和语是用第一人称来表达某人的观点,这也造成了绝大多数(87%)此类语用功能都是由直接缓和语来实现。

(五)规避责任

作为总理,在记者招待会中的每一句话都有可能被各国记者报道。

所以在口译过程中，口译员会增加一定数量的模糊语，以避免译文过于绝对或者有歧义从而造成不必要的麻烦。例如：

（72）温家宝总理：我知道商签协议**是**一个复杂的过程，但是正因为我们是兄弟，兄弟虽有小忿，不废懿亲，问题总会可以解决的。（2010）

译文：I understand the negotiation **may be** a complex process. But differences between brothers can not sever their blood ties. And I believe that problems will eventually be solved.

上句谈论的内容是关于签署海峡两岸经济合作框架协议。温家宝总理想告诉公众，尽管谈判过程可能会很艰辛，但两岸血脉相连，困难都将得到解决。但无人可以肯定此次谈判是百分之百艰难的，因此口译员使用了模糊语"may be"，给记者展示了中国大陆对此次谈判的期望。

（73）朱镕基总理：所以我们认为，从总体上讲，国有亏损企业**摆脱困境**，三年够了。（1998）

译文：So, that's why I say that three years are enough for us to bring the **most of** the loss-making state-owned enterprises out of their difficult situation.

原文想表达中国政府意图扭转国有企业形势的决心。中国有不计其数的国有企业，显然朱镕基总理承诺的是改变大多数国有企业的现状，并非全部。因此口译员在口译时加入了程度变动语"most of"。中国总理不能作出任何政府无法达成或误导听众的承诺，因此模糊语的运用就帮讲话者避免了一些不必要的问题和误解。

如表5-3所示，此类语用功能主要是通过模糊词和程度变动语来实现的。实现自我保护或者责任规避最好的方式就是减少译文的"绝对性"，在五类模糊语中，模糊词和程度变动语是具备此类功能的词语，所以也是最适合此类语用功能的模糊语。

（六）使语言生动

有时模糊语能够表现出讲话者的智慧和幽默。正如Williamson（1994）所说，"模糊"并非轻蔑。实际上，模糊语是自然语言的一和理

109

想特性。模糊词常常足以表达目的，太过准确反而会导致浪费时间并使语言呆板。

（74）李克强总理：我们要有**壮士断腕**的决心，言出必行，说到做到，决不明放暗不放，避重就轻，更不能搞变相游戏。（2013）

译文：Then we are determined to **make that sacrifice**. We will keep our promise and match our words with action. We will never secretly hold on powers or shield away from real issues. We will never play any games to get around the requirement of the reform.

源语中，"壮士断腕"意为"勇士将自己的手腕斩断"，"言出必行"意为行动与语言相符，"说到做到"意为"说了什么就要做什么"。如果口译员直接将其字面意思翻译出来，那么输出便会极其冗长，表达效果也会缺少说服力，且效率低下。但在模糊语的帮助下，表达力度显著提升。这就是口译员译完时，礼堂爆发出热烈掌声的原因。

（75）李克强总理：改革贵在行动，**喊破嗓子不如甩开膀子**。（2013）

译文：In advancing reform, the important thing is to take action. **Talking the talk is not as good as walking the walk.**

译文中，源语中的精准词如"破（break）""嗓子（throat）""甩开（shake off）""膀子（arms）"都不复存在。因为在英语中，这些词不再像其在源语中那样产生作用。因此，口译员在输出时直接忽略了这些词，而是以模糊词"talking the talk"和"walking the walk"代替。通过这样的翻译方式，尤其是动词的重复，政府的强烈决心表露无遗。

在日常交流中，精准词常常很难表达丰富多彩的情绪。在所有类型模糊语中，模糊词表达的意义最为丰富多彩，同时可以给人以更多的想象空间，所以所有此类语用功能都是由模糊词来实现的。同时此类语用功能还可以使听众保有灵活多样的理解方式，以体现讲话者的智慧。

（七）信息不足

人们在报道数字或事实时，有时并不确定自己提供的信息是百分之百正确或是最新的。在此类情况之下，他们会使用模糊语来避免使听众产生不必要的困惑。如：

(76)李克强总理：这次"两会"期间，关于城镇化的建议和提案已经 500 多件了，还在统计之中，我们将会认真地一一研究，使城镇化能够积极稳妥地向前推进。谢谢。(2013)

译文：I know that **according to** the statistics currently available, there are about 500 suggestions and proposals about urbanization during the NPC and CPPCC sessions. We will review all of them very carefully and pursue urbanization in a steady, active and prudent way.

此例中，讲话者不确定 500 这个数字是否精确，因此采取了概数"500 多"。口译员加入了间接缓和语"according to"来表述数字的来源，以此免除任何误导与困惑(如果该数字为错误的或不精确的)。

在 90000 词的语料库中，笔者仅找到了 7 种有此语用功能的模糊语。这是因为中国总理可以接触到中国的大部分数据，因此很少会遇到信息不足的情况。

第三节　本　章　小　结

本章对 16 场"两会"总理记者招待会中口译员显化而出的明示话语——话语标记语和模糊语进行了研究。首先，基于前人研究和语料观察，将话语标记语和模糊语分别分成了 4 类和 5 类，并分别对其语用功能进行了讨论，接着基于语料库数据、语用功能对显化策略进行了分析。

在语用功能上，口译员使用的明示话语主要是为听众理解话语提供便利，实现了例如使语言生动、表达适量信息、提升效率、规避责任、强调态度等语用功能，也有少数明示话语是为讲话者服务的，如帮助讲话者树立权威、顾全面子等。

在显化策略上，话语标记语主要基于文化差异、语言差异和听众的理解需求进行显化；模糊语的显化主要基于原文的语用功能，不同类型的语用功能可以通过其对应的一至两种模糊语来实现。

第六章　讲话者与口译员均使用的明示话语的语用功能与口译策略

第一节　情态动词

作为语义与语法的接口(Palmer，1990)，情态动词一直是语言学界研究的焦点。近年来，情态动词在某些特定语境中的运用越来越受到国内外学者的关注，其中包括情态动词在纸媒上的应用(Millar，2009)、在法律文本中的应用与翻译(李克兴，2007)以及在二语习得领域中的使用(马刚、吕晓娟，2007)。同时，学者们也想从理论的角度对情态动词的各种性质进行研究，如其量值取向(魏本力，2005)，其动力、道义情态的主观性(张楚楚，2007)以及情态动词的语用综观性(汤敬安，2008)。但是情态动词在翻译领域中受到的关注明显不足，如李鑫、胡开宝(2013)通过自建记者招待会语料库，对比汉英口译英文输出与英美国家母语人员输出话语中情态动词的词频和使用偏好，赵秋荣、梁茂成(2013)则通过语料库中数据对比发现"may"和"might"翻译成汉语后情态价值(或强度)增强的趋势明显。通过对过往研究的总结与梳理，我们发现，对情态动词在翻译与口译中的研究数量偏少，较有影响力的研究也仅仅停留在数据分析以及对数据的解读上，对情态动词的语用功能分析几乎没有；针对情态动词的翻译策略也只是说明汉译后情态价值增强，但并未明确指出情态动词翻译策略究竟有哪些。基于现有研究中的不足，本部分通过对本书中语料库的数据分析，了解情态动词以及其汉语的对应——助动词在"两会"总理记者招待会汉英口译中的词频、语用功能和口译策略。

一、情态动词与助动词的量值

不同的情态动词根据其语义和语用功能的不同，被赋予了不同的价值。对于情态动词价值的研究有很多，最有影响力的当属 Halliday（1994：362）提出的价值体系，他将情态动词分为高价值组、中等价值组和低价值组。其中，高价值情态动词为"must"，中等价值情态动词为"will/would/should"，低价值情态动词为"can/may/could/might"。但若将中等价值的情态动词进行分析，可以发现它们的语义和语用功能有较为显著的差别，其中"would"的量值与"should"和"shall"相比明显要低，结合 Huddleston 和 Pullum（2002）以及李鑫和胡开宝（2013）的分类，本研究将情态动词定为 4 个量值，由低到高分别为：价值 1 "can/may/could/might"；价值 2 "would"；价值 3 "shall/should"；价值 4 "must"。

同样，中文助动词也根据其语义的英文对应词的价值被分成了四类。具体说来，价值 1 的助动词为"愿"（may）、"可以"（can）、"能够"（can）、"可能/也许"（perhaps）等。价值 2 的助动词为"会"（will）、"想"（would like to）、"将要"（will）、"希望"（hope/wish）等。价值 3 的助动词为"应该"（should）、"如果"（if）、"势必"（be bound to）等。价值 4 的助动词为"必须"（must）。必须指出的是，中文助动词"要"（should/must/shall）的价值为 3.5，因为它具有"should"（价值 3）和"must"（价值 4）的双重意义。温家宝总理在十余次记者招待会中使用了 93 次"要"。其中有 41 次口译员将其译为"should"，42 次译为"must"，还有两次译为"can"，8 次译为"would"。由此可见，"要"主要由"should"和"must"替换。因此，中文助动词"要"（should/must/shall）的价值为 3.5，具体情况请见表 6-1：

表 6-1 英文情态动词及中文助动词的价值

1	2	3	3.5	4
can, may, could, might	would	shall should	—	must
可以；愿；能够；可能/也许	会；想；将要；希望	应该；如果；势必	要	必须

二、研究设计

(一) 研究问题

本研究尝试回答以下三个问题：

（1）"两会"总理记者招待会汉英口译中原文和译文中助动词和语气助词的出现频率如何？

（2）"两会"总理记者招待会汉英口译译文中语气助词的值和语用功能的分布如何？

（3）助动词如何英译为语气助词才可以体现其语用功能？

(二) 研究步骤

首先，根据本研究的特点建立语料库，虽然笔者有 1998 年至 2014 年"两会"总理记者招待会的语料，但考虑到不同讲话者之间的情态动词使用偏好差异较大，本研究仅选择 2003 年至 2012 年温家宝总理参加的记者招待会语料作为研究对象。

其次，对语料库源语中的助动词和译文中出现的 8 种情态动词的频率进行统计。其中，公认为核心情态动词（Biber, et al., 1999：483-485）的 9 个情态动词中，"will"因为计数较容易形成误差，所以没有进行统计。

再次，根据 Halliday（1994：362）提出的情态动词价值体系，将原文和译文中的助动词和情态动词的价值进行标注，通过比较原文和译文中助动词与情态动词的词频和价值的不同，分析造成此现象的人称指示词的语用功能。

最后，根据其语用功能，确定每个情态动词的英译策略，用

Microsoft Excel 将全部例子进行标注和统计,并选择个案进行分析,以得出情态动词的英译策略及其动因。

三、数据分析

通过对每年度的译文词数、情态动词的词数以及含情态动词的句子数量的统计,分析出每年情态动词在译文中的词频。统计发现,除 2003 年以外,每年情态动词在译文中的词频都较为稳定,详见表 5-2:

表 6-2 情态动词在各年译文中的分布

年份	译文词数	情态动词数	含情态动词句子数	频率
2003	6111	41	38	0.68%
2004	5916	64	61	1.08%
2005	4997	64	55	1.28%
2006	5067	59	49	1.22%
2007	4514	44	40	0.97%
2008	5772	67	54	1.16%
2009	7607	64	58	0.85%
2010	6930	71	65	1.04%
2011	6533	60	55	0.92%
2012	7733	110	92	1.42%
合计	61180	644	567	1.06%

在含有情态动词的 567 个句子当中,共有 644 个情态动词,平均每个句子中有 1.14 个情态动词。纵观近年来的"两会"总理记者招待会口译,情态动词的比例有所浮动——从 2003 年的 0.68% 至 2012 年的 1.42%。这一现象可能是由几个原因引起的:(1) 每年担任总理记者招待会的口译员不尽相同,每个口译员都有自己的习惯与风格。一些口译员喜欢频繁使用情态动词,一些口译员却不尽然。(2) 情态动词的数量也会受到演讲内容以及讲话者用词偏好的影响。2003 年口译当中情态

动词比例较低，除了当年口译员的情态动词使用意愿较低之外，还与温家宝总理首年参加总理记者招待会，讲话语气较为坚定相关。

本研究所讨论的 8 个情态动词在语料库中的比例也有较大差异，从 23.60% 到 0.50% 不等，具体数据如表 6-3 所示：

表 6-3　情态动词出现频率

情态动词	出现次数	频率（每千词）	百分比
can	152	2.48	23.60%
would	147	2.4	22.82%
should	145	2.37	22.50%
must	131	2.14	20.34%
may	39	0.64	6.05%
could	25	0.41	3.88%
might	2	0.03	0.31%
shall	3	0.05	0.50%
ALL	644	10.52	100%

本语料库中的情态动词中，最常用的情态动词为"can"，在 61150 词的语料库中共出现了 152 次，占所有情态动词数量的 23.60%。排在"can"之后的常用情态动词为"would"（出现 147 次，占情态动词数量的 22.82%），"should"（出现 145 次，占情态动词数量的 22.50%）和"must"（出现 131 次，占情态动词数量的 20.34%），最高频的四个情态动词比例占到了所有 8 个情态动词的近 90%。与之相对的是，"might"和"shall"加起来在译文中只出现了 5 次。

与此同时，参照表 6-3，我们也可推测出中文助动词的使用频率。源语中，温家宝总理使用了许多中文助动词，如"应该"（should）、"可以"（can/may）、"想"（would like to）等。由于在"两会"记者招待会中总理需要借助此类词语表明国家态度、宣传国家政策，因此这类词语出现频率之高也就不足为奇了，温家宝总理在源语中所使用的助动词分布如表 6-4 所示：

表 6-4 中文助动词的出现次数及百分比

中文助动词	出现次数	百分比
要（shall）	104	29.13%
能够（can）	56	15.69%
必须（must）	38	10.65%
其他助动词（others）	35	9.81%
应该（should）	34	9.52%
想（would like to）	33	9.24%
可以（can）	32	8.96%
会（will）	13	3.64%
愿（wish）	8	2.24%
将（will）	4	1.12%
合计	357	100%

正如表中描述，最常用的中文助动词为"要"，其意义与"should"和"shall"大致相当。第二常用词为"能够"，意为"can"。这两个词占全部中文助动词出现数量的44.82%。由于中文助动词的数量远远多于英文助动词，因此无法在表中一一列出。但是，其他助动词占总数的9.81%，比例较高。最不常用的助动词为"愿"（may/wish）和"将"（will）。二者共占总数的3.36%。

四、情态动词的语用功能

语言的语用功能与其本身的语义是息息相关的。在本研究中，除了不同分级的情态动词自身包含的语义外，不同等级与强度的情态动词在口译译文中所具备的语用功能也不尽相同。其中价值为1的词语用功能主要为对讲话的不确定，价值为2的情态动词可以提高句子的礼貌程度，价值为3的情态动词可以表达政府对未来的美好期望，而价值为4的情态动词主要表达中国政府对待事情的坚定态度。

(一)增加不确定性

在"两会"总理记者招待会中,总理讲的每一句话都有可能被媒体进行解读或放大,所以对口译员的遣词造句有着极高的要求(张易凡、许明武、张其帆,2015)。在很多情况之下,为了避免造成误解以及减轻讲话者需要承担的责任,口译员会在译文中使用类似"may""can"以及"might"这样价值为 1 的情态动词减轻句子的肯定性,如:

(77)温家宝总理:(经济发展)快了也不行,经济生活长期处于紧张阶段,难以为继。(2005)

译文:Yet too fast economic growth rate won't do either, because it **may** make the economy to stretch out for a long time in an unsustainable situation.

在本例中,温家宝总理回应了有关经济增长快慢的问题。这句话是总理对经济发展过快所造成的隐患的描述,这里口译员使用了"may"而不是直译的"will",表现了口译员的经验丰富:经济发展过快会造成的结果有千千万万,其中所涉及的因素错综复杂,而温家宝总理所谈到的"经济生活长期处于紧张阶段,难以为继"仅仅是经济发展过快无数种后果的一种,而且也不一定百分之百出现。口译员采取"may"来表示这种后果有可能发生。

(78)温家宝总理:至于结果怎么样,要到明年的 3 月份我再给各位回答。(2008)

译文:As for whether we **can** meet this goal, I will give you an answer next March.

在 2008 年经济危机时,有记者问到 4 万亿刺激方案将会收到何种效果时,温家宝总理做出了如上答复。4 万亿刺激方案是中国政府对 2008 年金融危机做出的应对,不论是从该刺激方案所涉及的领域还是国家投资的资金数量来说,均史无前例。口译员通过在译文中使用情态动词"can",既表达了政府对于该计划的较高期望,同时表明了对于该计划结果的不确定性。

(二)提高礼貌程度

Leech(1983)在讨论礼貌的原则以及其准则时,提出了礼貌分级制度的概念。前人研究发现,情态动词与礼貌的等级有一定关系。在所有的情态动词之中,根据之前对情态动词价值的划分,价值为2的情态动词对提高话语礼貌程度有最大帮助,如:

(79)记者:请问您对上届政府的工作,以及对朱总理本人的工作有何评价?(2003)

译文:So we **would** like to have your comments on the work of the previous government and of Premier Zhu Rongji himself.

这是2003年温家宝总理记者招待会上中国记者提出的问题。在源语中,记者使用了尊称"您"来表示对温家宝总理的尊敬并提高语言的礼貌程度。但是在英文当中"您"所对应的人称指示语"you"并没有表示尊敬或礼貌的语用功能,为了保证语用对等,口译员增加了情态动词"would"来增强译文中的礼貌程度,从而保证译文与原文的语用对等。

(三)表达美好期望

"两会"总理记者招待会是展示中国发展成果,表达中国政府对等国内外问题态度以及描绘中国未来发展美好蓝图的重要平台。尤其是在谈到中国未来发展以及在国际舞台中所处的地位时,总理经常会使用价值为3的情态动词来表达中国政府对中国未来发展的美好期望与信心,如:

(80)温家宝总理:第二个阶段就是实行工业反哺农业,城市支持农村的方式,对农民多予、少取、放活。(2005)

译文:In the second phase, we **should** make industry nurture agriculture and cities support the countryside. We **should** give more to, take less from and liberalize the countryside.

农村问题一直都是中国政府工作的重中之重,原文句中温家宝总理对中国农村未来的改革和发展的展望中,虽然并没有任何的助动词,但是通过上下文和句子结构还是可以分析出讲话者对中国农村的未来满怀期待。在进行翻译时,由于英文属于形合语言,所以简单的直译是无法传达源语中总理的希望与信心的。而口译员通过两个显化的"should",将温家宝总理对中国农村地区发展的殷切希望以及中国政府的信心很好地传达了出来。

(81)温家宝总理：第二，挖掘潜力，扩大合作，共同发展。(2004)

译文：Second, there is tremendous potential to be tapped into between our two countries. Therefore we **should** strengthen co-operation and strive for common development.

上例是温家宝总理对中印双边贸易所作的期待，原文仅仅12个字，充分显示了中文的精练性，也表示出了总理对中印两国未来合作前景的期待。如果仅仅将这12个字的字面意思翻译成英文，将无法实现原文的语用功能，在这里，口译员增译了"should"，将中国政府对未来与印度的贸易往来的期待表达得淋漓尽致。

(四)表达坚定态度

在面对国内外众多记者较为尖锐的问题时，总理需要运用例如情态动词等来表达中国政府在某些方面不妥协、有决心的坚定态度，如：

(82)温家宝总理：第二，要严格执行产业政策，特别是建设项目和企业准入制度。那些污染环境、浪费资源的企业和建设项目，一律不能搞。(2006)

译文：Second, we **must** strictly enforce our industrial policies especially in the development of infrastructure and in the approval of market access to enterprises. We **must** not give the green light to the enterprises and infrastructure projects that waste resources and pollute the environment.

这句话是温家宝总理在对台湾地区记者有关环境保护的提问所做出的回应，从原文中我们可以看出中国政府对高污染、高能耗的企业数量控制的决心非常大，在原文中，有"严格""一律"等词汇体现了坚定决心的语用功能。在译文中，口译员将价值为1的"能"翻译为了价值为4的"must"，增加了三个强度并且删掉了"一律"，就是为了实现中文源语中表明国家坚定立场的语用功能。

五、情态动词的口译策略

通过数据统计发现，译文中出现的情态动词只有不足32%是基于原文中量值相同的助动词直译而来的，剩下的 68% 则采取了增译、量值变化以及肯定与否定转换等策略，具体分布如表 6-5 所示：

表 6-5 汉英口译中情态动词的口译策略分布

翻译技巧	出现次数	比例
增译	287	44.57%
直译	206	31.98%
量值变化	142	22.05%
肯定与否定转换	9	1.40%
合计	644	100%

(一) 增译

如上表所示，译文中出现的 644 个情态动词中，采取增译而来的数量最多，达到了 44.57%。若将本研究中 8 类情态动词采取增译策略的比例进行统计，发现不同量值的情态动词百分比不尽相同，具体分布如表 6-6 所示：

表 6-6 不同类型情态动词增译策略使用比例

情态动词	出现次数	增译法	百分比
might	2	2	100%
shall	3	2	66.67%
could	25	16	64%
would	147	81	55.10%
can	152	72	47.37%
may	39	18	46.15%
should	145	63	43.34%
must	131	33	25.19%
所有情态动词	644	287	44.57%

由于其高价值，"should"和"must"在增译法中所占的百分比最少，分别为 43.34% 和 25.19%。而比例最高的情态动词为"might"（100%）、"shall"（66.67%）和"could"（64%）。导致增译的原因主要有二：第一是由于英汉语言的差异性。汉语是意合语言，这意味着句子内的词是由词汇之间的逻辑关系相连的。而英语作为形合语言，句子由表示逻辑关系的词连接。尤其是在源语高度精练的情况下，口译员必须在口译中加入情态动词，连接英文句子中的各个部分，从而赋予译文与原文对等的意义，如：

（83）温家宝总理：葬我于高山之上兮，望我大陆……葬我于高山之上兮，望我故乡。(2003)

译文：Bury me on the highest mountaintop, so that I **can** get a sight of my mainland. Bury me on the highest mountaintop, so that I **can** get a glimpse of my hometown.

（84）温家宝总理：诚实守信，责权统一。(2003)

译文：And there **must** be a combination of power and responsibility.

（85）温家宝总理：华山再高，顶有过路。(2010)

译文：No matter how high the mountain is, one **can** always ascend to its top.

这三例中的源语皆为诗词或四字词语，并都缺少主语。这样精练而结构松散的句子若直译成英文会导致译文不符合目标语的表达习惯并难以理解。所以在对类似句子进行口译时，口译员应将源语中隐藏的主语和情态同时显化出来，使译文达到形合，以符合英文句子的表达习惯。

口译员如此频繁地使用增译法的第二个原因是为了实现语用对等。程镇球（2003）提到，相比文学翻译，政治性翻译对译员的要求更为严格。但是忠实并不意味着字字对等。在很多情况之下，直译之后的译文往往会因为汉英两种语言的差异而达不到原文所能实现的语用功能，所以口译员必须通过增译情态动词的方式，来实现译文与源语之间的语用功能对等。如：

(86)温家宝总理：政府工作人员除了当好人民的公仆以外，没有任何其他权力。(2007)

译文：Government officials **should** be good public servants and serve the people.

这句话口译员所进行的增译照应了前文对"should"一词的语用功能分析。原文体现了政府对公务员廉政建设的坚定态度，在译文中如果仅仅直译反而会由于汉英差异而弱化了语气。口译员在此处增译"should"，表达了中国政府反腐倡廉，建立为公为民、廉洁公正公务员队伍的坚定决心与信念。

(87)温家宝总理：历史告诉我们，一切符合人民利益的实践，都要认真吸取历史的经验教训，并且经受住历史和实践的考验。(2012)

译文：What has happened shows that any practice we take **must** be based on the experience and lessons we have gained from history and **must** serve the people's interests and that any practice we take **must** be able to stand the test of history and the reality.

此例中，我们可以看到，温家宝总理只说了一次"要"，而口译员的译文中出现了3个"must"。这种表达不仅可以让译文更为通顺、更易理解，给自己更多时间思索如何传达接下来的信息；更重要的是可以体现原文中政府表达"为人民的利益而实践，一心为民"的坚定态度的语用功能。

（二）肯定与否定转换

虽然通过使用情态动词的方式来实现肯定与否定之间的转换在本研究中比例较小，仅出现了9次，但是考虑到如此重要的政治场合，口译员做这样大的调整如果言之有误，会造成不必要的麻烦或者误解，这样的比例仍然值得注意。在9次转换中，8次是通过否定转肯定，以顺应中英文两种语言之间的差异，与其直译为"否定+表示负面状态的词"，不如翻译成"价值3或偏值4的情态动词+表示积极状态的词"。如：

(88)温家宝总理：中国的主权和领土完整**不容**分割。(2006)

译文：China's sovereignty and territorial integrity **should** always be intact.

这是对 TVBS 关于海峡两岸关系问题的回答，这句话如果直译，应为"China's sovereignty and territorial integrity cannot be cut apart"。在这里口译员通过否定转肯定的策略，使得译文既简洁，又能够达到跟原文一致的效果。

（三）量值变化

结合表 6-7 以及统计我们可以发现，在 357 个原文、译文中均有对应的情态动词当中，71 个情态动词译文的价值变大，71 个情态动词译文的价值变小，215 个情态动词翻译后价值没有变化。共有 40% 的情态动词价值发生了变化，据此我们可以发现政治汉英口译中，情态动词和源语中的助动词在价值或强度上的相同并不是翻译准则之一。具体分布请看表 6-7：

表 6-7　译文中情态动词价值 B 与源语中情态动词价值 A 的价值差（B-A）

情态动词和助动词的价值差	3	2	1	0.5	0	-0.5	-1	-1.5	-2	-2.5
出现次数	6	2	20	43	215	45	10	7	5	4

通过上表我们可以发现，虽然有 142 个情态动词的量值发生了变化，但是总体而言，由于情态动词量值增加的单词数与减少的单词数均为 71 个，并且增加的量值与减少的量值大体相同，所以尽管有 40% 的情态动词价值发生了变化，但是译文中情态动词的平均量值与源语中的助动词相比几乎没有什么变化。具体请看以下例子：

（89）温家宝总理：当然我们**将**更加注重区别对待、有保有压。（2005）

译文：In the meantime, we **must** also take special attention to differentiated treatment for different situations.

该句针对的是宏观调控的相关问题。口译员之所以采用"must"，而非"将"的直译"will",是为了凸显原文中政府表达对未来美好期望的语用功能,而采取将源语中助动词译为高值情态动词的方式。

(90)温家宝总理:第一,对于民间借贷的法律关系和处置原则**应该**做深入的研究,使民间借贷有明确的法律保障。(2012)

译文:First, a thorough study **must** be conducted concerning the legal aspects of private lending and the principles that should be observed in handling this matter so that there will be clearly defined legal safeguards for private lending.

温家宝总理回答的是由 CCTV 提出的关于吴英案的问题。中文源语中,温家宝总理使用了主观性的助动词"应该",而口译员使用的是更具客观性的情态动词"must"。此处口译员通过改变译文中情态动词的价值来弥合两种文化间的差异。这是另一个典型的将源语中助动词译为高值情态动词的例子。又如:

(91)温家宝总理:愿我们同受庇佑,愿我们同受保护,愿我们共同努力,愿我们文化辉煌,**不要**仇恨。(2005)

译文:May He protect us both together. May He nourish us both together. May we work conjointly with great energy. May our study be vigorous and effetive. **May** we **not** hate anyone.

本例是关于中印关系问题的回答。源语中,温家宝总理想表达的意思是"不去仇恨任何人",为高值助动词。然而口译员使用的情态动词为"may not",为低值助动词。口译员通过这种处理方式,达到了"一箭双雕"的目的:第一,使用"may"与前面的四个"may"相平行,使得译文增加了排比性,更有气势。第二,使译文的语气更为柔和,并且情态动词中带有期望的语气,与此处情景吻合。

(92)温家宝总理:同时,我也**必须**说明,这是我们主动调控的结果。(2012)

译文:At the same time, **I'd like to** say that the economic slowdown in China is mainly the result of our proactive macro control.

当被问到中国经济下行的问题时,温家宝总理做出了以上回答。源语中，温家宝总理使用了一个无可争辩的高值助动词"必须"（must）。然而口译员在译文中使用了一个低值助动词"would like to"，使译文语气更为缓和，向世界展示了一个谦和的中国国家形象。

第二节　人称指示语

语料库口译研究经过十多年的发展，已成为一种广为接受的口译研究范式。通过口译语料库，国内外的学者相继开展关于口译策略、口译技巧、口译语言特征以及译员语言风格等研究。但是由于缺乏真实的口译语料和较为有效的转写方式，国内的口译语料库研究较为滞后。

由于其多变的指示内容和丰富的语用功能，人称指示语近年来受到众多国内外学者的关注：Levinson（1983：68-73）、何自然（1988：19-20，1997：29-30，2009：31-39）、何兆熊（1989：44-46，2000）、尹富林（2003）和黄碧蓉（2008）等对人称指示语作了研究。然而，人称指示语在口译中的语用研究并未得到应有的重视。本研究借助自建汉英平行语料库，分析历年"两会"（共17场）总理记者招待会中人称指示语的语用功能和口译策略。

一、人称指示语笔译与口译相关研究

人称指示语（personal deixis）是言语交际中用以表示说话人、听话人或第三者的词语或结构（何自然，2009：32-33）。它一般可分为三类：第一人称指示，主要包括说话人，也可能包括听话人；第二人称指示，包括听话人；第三人称指示，既不包括说话人，也不包括听话人。语用学的主要目的是研究语境条件下的语言使用与理解，而指示语可通过语言结构直接反映语言与语境之间的关系。所以从狭义的角度讲，语用学就是指示语的研究（Green，1989：87）。从语用学的角度来说，人称指示语的照应功能可按照代词与名词性成分的关系分成同指和异指；按照被指示语和指示语的出现顺序分

成前指和后指。

对人称指示语在中英两种语言中出现频率、使用偏好以及文学原著和译作中使用的不同，国内学者作了较多的相关研究：赵世开（1995：185-199，1999：24-52）对英汉和汉英翻译中人称代词使用频次进行研究发现，英语第三人称代词比汉语用得多，英语第一人称单数代词比汉语的使用率低，第二人称代词的使用汉语比英语多。黄立波（2008）借助双语平行语料库，考察了英汉翻译中人称代词主语在文学和非文学两种文体类型中的数量、频次和转换类型，考察了人称代词的显化现象，得出文学与非文学英译汉时，人称代词主语数量和频次均呈减少趋势，相对非翻译汉语文本，汉语翻译文本类比显化突出。王克非、胡显耀（2010）通过对汉语翻译文学语料库与原创文学语料库的对比分析，发现：(1)汉语翻译文学中，各类人称代词的使用频率均高于原创文学。(2)第三人称代词"他"的复现率明显提高。(3)"他"在汉语翻译文学语料中的照应功能明显增强，出现了不同指"他"交替的偏离汉语语法常规的变异特征。

对于人称指示语在口译中的研究，国外期刊刊登了较多相关成果。如 Zhan（2012）对人称代词在政治性对话口译中的变化进行研究，指出口译员应尝试摆脱口译规范和规则的束缚，以更好地履行交流中"媒介"的职责。Cheung(2012)通过对中国香港法庭口译的语料研究发现，粤译英过程中几乎很少有从第一人称描述到转述性引语的转变；然而英译粤过程中有一定数量的相应转变，其目的主要为实现相关语用功能以及实现更顺畅的交流等。

以上研究主要基于较大的语料库针对英译汉的笔译译文和原文进行比较，对人称指示语的使用进行了研究，但是尚未对口译译文作出类似研究。与此同时，大多数相关研究都是英译汉中人称指示语的使用，汉译英中的相关使用并未进行较为深入的讨论，并且以人工统计为主的语料规模较小。鉴于以上不足，本部分以汉英口译中的人称指示语为考察对象，以本书语料库为基础，探索并分析汉英口译中人称指示语的使用特征、语用功能及口译策略。

二、研究问题及步骤

本研究尝试回答以下三个问题：

(1)"两会"总理记者招待会汉英口译中原文和译文中各类人称指示语的出现频率如何？

(2)"两会"总理记者招待会汉英口译中人称指示语有何种语用功能？

(3)人称指示语在汉英口译中使用何种口译策略以体现其语用功能？

为了探寻三个问题的答案，本部分研究拟按照以下三个步骤开展研究：

首先，对语料库中人称指示语原文和译文中出现的人称指示语（中文 16 种，英文 16 种）的频率进行统计。第三人称中"它""它的"以及第三人称中的称谓，例如"先生"或者"记者"没有包括在本研究中。

其次，根据比较不同人称和其指代对象，总结"两会"总理记者招待会汉英口译中人称指示语的使用特征。通过比较原文和译文中人称指示语的词频和使用方式的不同，分析造成此现象的人称指示语的语用功能。

最后，根据其语用功能，确定每个汉语人称指示语的口译策略，以及原文人称指示语没有在译文中显化的案例，用 Microsoft Excel 将全部例子进行标注和统计，并选择个案进行分析，以得出人称指示语的口译策略及其动因。

三、人称指示语的语用功能

(一)第一人称指示语

第一人称在本研究中主要包括人称主语"我"和"我们"以及所有格"我的"和"我们的"四种中文指示语及其英译。在本研究中，第一人称除了常规的指代讲话者或者讲话人群外，还有其他三种非常规的语用功能：(1)显示权威。在记者招待会中，总理通过使用"I don't"以及"I will"等来表达或强调中国政府或者中方的政治立场或对待某政治事件的态度。(2) 区分你我。在对话中若一句话同时出现了第一人称和第二人称，说明讲话者下意识地将讲话方与听话方区分开来，以达到亲近己方，疏远对方的语用功能。(3) 拉近距离。通过第一人称来指代第二人称的所指，以达到"移情"的语用功能，从而拉近讲话者与听众的距离。由于口译员需要在译文中实现上述语用功能，导致原文和译文中人称指示语的出现频率有所不同，如表6-8所示：

表6-8 "两会"总理记者招待会汉英口译中第一人称的使用频率

指示语	原文	译文	译文原文比
我(I, me)	1157	1274	110%
我的(my)	82	249	304%
我们(we, us)	1041	1643	158%
我们的(our)	82	519	633%
频率(%)	16.8	36.3	215%

通过表6-8可以看出，英文译文中的第一人称指示语出现频率明显高于汉语原文。这一点与前人的相关研究比较相符，但是需要指出的是，相比直接人称，英文译文所有格相对于原文的使用频率大大提高："我的"使用频率高出了3倍，而"我们的"使用频率高出了原文6倍多。然而，在英文译文中额外使用如此多的人称指示语，除了英文指示语频率本身较高外，也与口译员希望译文能够具备与原文相一致的语用功能有关，如：

(93) 朱镕基总理：但是由于种种不讲你们也知道的原因，在美国出现了一种反对中国的潮流，这使**我们**感到很不安。(1999)

译文：However, due to various reasons which **I** do not see the need to mention here, has emerged an anti-China trend in the United States, which has caused concern from **our side**.

通过原文可以感觉出朱镕基总理对于美国出现的反华潮流十分气

愤，并认为是一小部分人别有用心的产物，于是说道"由于种种不讲你们也知道的原因"。在译文中，口译员增加了人称指示词"I"，增加了讲话者话语的权威性，并且显示了讲话者对于反华势力的不屑。与此同时，后半句将"我们"译为"our side"，与反华势力划清了界限，显示了总理与反华势力势不两立，一定要与其斗争到底的决心。

(94) 朱镕基总理：谁赞成"一个中国"的原则，**我们**就支持谁，**我们**就跟他谈，什么问题都可以谈，可以让步，让步给中国人嘛。(2000)

译文：Whoever stands for "One China" will get **our** support. **We** can talk with him and **our** talks can cover anything. There can also be a concession made on **our** part, but this concession will be the concession made to **our** fellow Chinese.

原文只出现了2个第一人称指示词，但是在译文中却有5个。从第一句后半句开始，口译员连续增译了3个"our"。在这里，第一人称的使用会使得听众感到亲切，有助于拉近讲话者与听众的距离，同时，在这里"our"也表达了双方具有共同的信念：中国一直坚持"一个中国"的原则，并且会支持赞成此原则的台湾政治党派。

(二) 第二人称指示语

第二人称指示语在本研究中的对象为人称主语"你""您"和"你们"以及所有格"你的""您的"和"你们的"及其英译。在话语中除指代听话者之外，第二人称在本研究中主要语用功能有三个：(1) 表示尊敬。中英文中第二人称指示语最大的差别出现在第二人称指示语在中文中有"你"—"您"之分，后者多表示敬称，带有尊敬的意味。(何自然、冉永平，2009) 在"两会"总理记者招待会上，由于总理的特殊身份，使得本研究中"您"的出现频率较高，也是原文跟译文中语用功能转变的重要方面之一。(2) 泛指任何人。第二人称指示语也可以泛指任何人，大多数情况下为单数形式。(3) 换位思考。如："小明这人很内向，你问他半天他都不理你。"从听话者的角度使用第二人称指示语来表示第一人称，以听话者为中心，让对方也能切身体会自身处境。第二人称指示词在源语和译语中的频率分布见表6-9。

表6-9 "两会"总理记者招待会汉英口译中第二人称的使用频率

指示语	原文	译文	译文原文比
你(you)	257	623	89%
您(you)	403		
你们(you)	40		
你的(your)	20	220	460%
您的(your)	1		
你们的(your)	26		
频率(%)	5.3	8.3	157%

较为意外的是,英文译文中第二人称的使用频率较中文原文低,这与现存相关研究的结论,以及英汉语言中人称指示语的使用频率一般规律不相符合。但是此现象也可以得到合理的解释,请看以下例子:

(95)香港凤凰卫视记者:请问总理,**您**用什么样的方法可以加快中国电信市场的竞争步伐?还有,现在一些外资银行已经可以经营人民币业务了,那么**您**认为大概最快什么时候可以全面开放人民币的业务经营?(1999)

译文:So my question is what measures do you plan to adopt to accelerate the competition in the telecommunications sector in China? My second question is some foreign banks are now already allowed to be engaged in renminbi business, so how soon will **China** totally open renminbi business to foreign banks?

"您"是汉语中的第二人称指示词,是"恭敬的第二人称"。从社会指示功能的角度看,之所以这样的尊称只存在于第二人称中,是因为第二人称主要用于面对面的交际情境。原文中凤凰卫视的记者提到了一个比较尴尬的现象:中国内地国际电话业务的价格十倍于香港。同时提出了两个相对尖锐的问题,所以在提问的时候记者使用了两次"您",不仅表示对总理的尊敬,也缓和了较为敏感的问题对回答问题方的冲击。然而在英文中,由于语用功能类似"您"的人称指示词的缺失,使得直接翻译会造成语用功能的偏差:如果一味地在问句中使用"you",不仅会将提问者和回答者分成界限分明的两方,提问的语气也显得咄咄逼人,于是口译员直接用"中国"来作第二个问题的主语,以避免语用失误。

(96)朱镕基总理:同时,我也认为,尽管**你**破产是合法、合情、合理的,你也不能随便破产,不要破出甜头来,大家都搞破产也不行。(1999)

译文:But here I wish to point out that although **Gitic**'s bankruptcy is lawful, reasonable and fair, one should not assume that one can benefit from the bankruptcy and one should not rush from bankruptcy.

在比较口语化的表达中,"你"可以泛指任何人。在类似用法中,"你"的语用功能主要有二:第一,所描述对象没有任何实际所指,而是表示全体人员或者某群体中的任何人。第二,可以拉近讲话者与听众的距离,表示亲切的口吻。虽然英文中也有类似的用法,但在重大外交场合,口译员为了避免指代不明引起误会,往往直接进行明示处理,将第二人称转译为第三人称。

(三)第三人称指示语

本研究中第三人称指示语包括人称主语"他""她"和"他们"以及所有格"他的""她的"和"他们的"及其英译。相比第一、第二人称指示语,第三人称在英文中的语用功能更为丰富,除了听话者与讲话者之外的第三方以外,它还具备:(1)前指后指。即对前文或后文所提到的概念进行指代。(2)语篇衔接。通过指代隐含的语义关系,帮助听众理解指示词的指代,使得整个篇章更顺畅、连贯。(3)泛指任何人。与第二人称一样,也可以在一些语境中泛指任何人,但与第二人称所指代的具体语义略有不同。(4)指示国家、真理等。第三人称"her"在特殊情况下可以指示国家、拟人化的物品,以及真理、科学等。由于语料本身内容的限制,导致语料库中并未包含第四种语用功能的相关例子。第三人称指示语丰富的语用功能造成了中英文之间最大的使用频率差别，见表6-10。

表6-10 "两会"总理记者招待会汉英口译中第三人称的使用频率

指示语	原文	译文	译文原文比
他(he, him)	223	343	154%
他的(his)	13	57	438%
她(she, her)	11	13	118%
她的(her)	2	4	200%
他们(they, them)	89	248	279%
他们的(their)	23	232	1009%
频率(‰)	2.6	8.8	338%

对于第三人称"他"与"她"，英文与中文的语用功能较为类似，唯一的特殊情况是英文中"她的"与"她"（宾格）的形式均为"her"，在统计时此类现象已进行人工处理。相比之下，所有格频率的明显提高主要由汉译英中人称显化的现象造成。值得注意的是，不论是人称指示语"他们"还是"他们的"，其英汉的频率差别都较其他的指示语高，其原因可以从以下例子中得到解释：

(97) 温家宝总理：只要是依法经营，照章纳税，维护职工的合法权益，并且符合安全和环保的要求，我们支持和鼓励个体私营企业发展，这是扩大就业的一个非常重要的渠道。(2003)

译文：So long as these enterprises operate in accordance with law, pay taxes in accordance with regulation, as long as **their** enterprises meet the safety and environmental standards, and safeguard the legitimate rights and interests of **their** employees, the government would give them support and actually encourage **their** growth because their development will be very important for the creation of more job opportunities.

回指作为语篇内照应的重要形式，对语篇衔接与连贯有着重要的作用。人称指示语，尤其是第三人称指示语是实现语篇内照应的重要手段。然而由于英语"句子里的名词、动词、形容词都有比较严格的对应关系，但在汉语中并不存在"（金立鑫、白水振，2003：52），在这样的情况下，使用第三人称指示语对先行项进行回指就显得尤为重要。在原文中，所有的描述都是围绕"个体私营企业"这一个主语进行的，并且此主语在句子中只出现了一次，并无其他指示语。但是口译员在处理该句时，为了保证避免歧义，一连使用了三个"their"对原文进行回指，使得译文意义更加清楚明确，也使得听众更容易接受和理解。

（98）温家宝总理：我在这里再次重申：不管什么政党，什么人，不管它过去说过什么，做过什么，只要坚持"一个中国"的原则，我们就愿意同他进行对话与谈判，包括民进党。（2006）

译文：I would like to take the opportunity to reiterate that no matter whatever party affiliations **they** may have, no matter who **they** are, no matter what **they** said or did in the past, as long as **they** are committed to the "One-China" principle, we are ready to have dialogue and negotiations with them, even including those people from the Democratic Progressive Party in Taiwan, China.

在某些特殊情况下，第三人称指示语"they"同第一、第二人称指示语"we"和"you"一样，也经常被用来泛指"人们"。不同的是"we"和"you"指代的是所有人，而"they"一般指相关的人员或部门，但是并不包括说话者和听话者。在译文中，口译员用"they"指代"台湾当局"，并通过重复这一指示语，增强了讲话者的语气，表达了中国政府对"台独"分子绝不妥协的态度。

四、人称指示语的口译策略

虽然人称指示语在英文和汉语中的形式差别不大，但在语用功能、所指、语义上存在明显的差别。在进行汉英翻译时仅注意语义对等远远不够，还需要译者在翻译时灵活处理。在汉英口译中，人称指示语的翻译策略可分为对应、转化、添加和隐去四种。其中对应较为普遍，在此不作讨论。由于中文较英文的语境更高（Hall，1976），隐去的例子也较少。所以在此主要讨论的两种策略为转化和添加。其中，转化分为人称转变和主语与所有格的转变，添加分为显化与多词同句。具体如下：

(一) 人称转变

如前文所述，人称指示语的指代时常会出现非常规用法，即指代错位：第一人称指代第二人称，第二人称指代第一人称，第二人称与第三人称指代任何人。这类指代错位在翻译过程中有时会"将错就错"，有时为了避免歧义和误会，口译员会选择明示相关指代，从而造成译文中人称的转变。同时，由于中文较英文的特殊用法，如"您"，在翻译过程中为了保证语用对等，必然进行相应的转变。通过对语料库进行统计，人称指示语在翻译中的人称转变相关数据如表 6-11 所示：

表 6-11 "两会"总理记者招待会汉英口译中人称指示语的人称转变

类型		总数	人称调整	调整比例
人称指示主语	第一人称	2198	156	7.10%
	第二人称	700	65	9.29%
	第三人称	323	11	3.41%
总计		3221	232	7.20%

通过表 6-11 可以看到，第二人称的语义调整比例最大，为 9.29%，而第三人称的语义调整比例最小，仅为 3.41%。在各种语义调整的策略中，使用最多的是指示明示和指示隐去。如：

(99) 美联社记者：您如何评价中美关系的现状……(2014)

译文：Mr. Premier, how do you comment on the current state of China-US relationship…

在例句中，美联社记者使用了人称指示词"您"来表示对李克强总理的尊敬，但是英文中的人称指示词并没有类似表达。口译员在译文中灵活地使用了同样表达尊敬含义的"Mr. Premier"，实现了同样的语用功能。

(100) 温家宝总理：……如果**你**懂得了穷人的经济学，那么**你**就会

懂得经济学当中许多重要的原理。(2008)

译文：…So if **we** knew the economics of the poor, **we** would know much of the economics that really matter.

在例句中，原文中的两个"你"实际上是指代所有人，语用功能是为了拉近讲者与听众之间的距离。口译员在这里为了避免理解的偏差，将"你"转译成了"we"，明确了所指，同时也保持了原文中的语用功能。

(二)人称主语转译为所有格

汉英口译过程中的人称转变除了第一、第二、第三人称之间进行相互转变之外，有时也会出现同一人称内部转变，即人称代词转所有格或所有格转人称代词。通过统计，绝大多数的人称内部转变都是人称主语转译为所有格形式，所有格转译为人称主语的例子极为少见。这样的转移主要原因有二：(1)为了符合汉语倾向于动态表达，英语更倾向于静态表达(林同济，1980)的习惯，在汉译英时利用所有格将原文代词加动词的表达转化为静态表达。(2)达到与原文对等的语气与语用功能。其转译的频率如表 6-12 所示：

表 6-12 "两会"总理记者招待会汉英口译中人称主语的内部转译

类型		总数	内部转译	调整比例
人称指示主语	第一人称	2198	77	3.50%
	第二人称	700	57	8.14%
	第三人称	323	7	2.16%
总计		3221	141	4.38%

通过表 6-12 可以发现，人称主语的内部转移频率低于人称转变的频率，以第二人称最多。这与汉语中"您"的语义和语用功能是分不开的，例如：

(101)日本共同社记者：……**您**对此有何评论？还有，**您**任总理以后第一次访日将于何时实现？(1999)

译文：…What is **your** comment on that? When will **your** first visit to

Japan as premier take place?

原文中的"评论"与"访日"皆为动词，若英译成动词也未尝不可。但是将人称主语转译为所有格以后，由动态表达转为静态表达，译文不仅更加简洁精练，而且避免了译文中一句话包含多个谓语动词的现象，更符合英文表达的习惯。同时，相比不进行转化的版本，口译员所采用的译法语气更缓和、更尊敬，使得译文跟原文的语用功能实现了对等。

（三）适当显化

口译过程中的显化现象被视为克服语言和社会文化差异的应对策略（Pochhacker，2004：135）。一般来说，显化是指译者对原文进行适当增加，以促进听众更有效的理解。Hall(1976)提出了语言"语境"等级来对不同文化进行区分，根据其理论，汉语属于"高语境"的语言，即其语境间共享的文化较多，听众需要通过语境才可以理解原文的含义。而英文口语则需要逻辑性更强、条理更清晰的表达。同时，在中文中直接隐含的人称指示语所实现的语用功能也需要在英文中通过显化的方式得以实现。为了满足上述要求，汉英口译中需要对中文中隐含的指代进行人称指示语添加性显化。显化案例在本研究中多出现于所有格形式，其频率如表6-13所示：

表6-13 "两会"总理记者招待会汉英口译中人称指示词的显化

类型		译文总数	显化	显化比例
所有格指示语	第一人称	768	418	54.43%
	第二人称	220	113	51.36%
	第三人称	293	228	77.82%
总计		1281	759	59.25%

通过表6-13可以发现，英文译文中的所有格指示语中，不论是第一、第二还是第三人称，一半以上的指示语是原文未提到而进行的显化。请看以下例子：

(102)李克强总理：向包括雾霾在内的污染宣战，就要"铁腕"治污加"铁规"治污,对那些违法偷排、伤天害人的行为,政府绝不手软,要坚决予以惩处。对那些熟视无睹、监管不到位的监管者要严肃追查责任。(2014)

译文:In fighting pollution, **we** need both tough measures and tough regulations. The government will severely punish those illegal emitting activities which harm both nature and human health. And those overseeing agencies which turn a blind eye to polluting activities and fail to perform **their** overseeing duties will be held accountable.

译文包括两个显化:句首的"we"和句尾的"their"。但是其目的却不尽相同。句首的"we"从语义的角度来看不显化不影响理解,但增加"we"以后,考虑李克强总理的身份以及译文的语气,形象地表达了中国政府向雾霾等污染宣战的坚定决心。而之后的"their",是为了前指之前的"overseeing agencies",让整个句子的逻辑和指代更清晰。

(103)李克强总理:我们要有壮士断腕的决心,言出必行,说到做到。(2013)

译文:Then we are determined to make that sacrifice. We will keep **our** promise and match **our** words with action.

"言出必行,说到做到"是一个语言精练却又较难处理的习语。其语义为言语上承诺了就一定会付出行动,表达了讲话者的诚信以及其坚定的信念。在译文中,口译员巧妙地显化出了两个"our",将原本棘手的原文化解为"keep our promise"和"match our words with action"。与此同时,"our"的显化也加强了李克强总理的讲话语气,表明了中国政府的坚定信念。

(104)朱镕基总理:我们今天怎么可能反过来去压制人权?(1999)

译文:So today how possibly could we just reverse **our** position and suppress human rights?

译文中的"reverse our position"是对原文"反过来"的显化。如果只是望文生义地翻译原文,会让大多数英文听众无法理解原文的含义。但是增加了人称指示词"our",不仅使得译文的指代和意义容易让听众理解,而且增强了译文表达的语气:中国是不可能出尔反尔,改变自己立场的。

(105)温家宝总理:春愁难遣强看山,往事惊心泪欲潸。四百万人同一哭,去年今日割台湾。(2005)

译文:On such a nice spring day, **my** heart was so heavy with sadness, so **I** went off to go sightseeing in the mountains. However, **my** mind always goes back to this day last year when 4 million people in Taiwan cried the same tears of sorrow when Taiwan was ceded.

在本例中,口译员选择将诗词中所有的人称指示语进行显化,并增加话语标记语,从而将原文——精练的诗词翻译为易于理解又贴切准确的译文。与此同时,几个第一人称的显化也使得海峡两岸人民之间的深情在译文中得到鲜活的体现。

(四)多词同句

同一个句子里面出现多个相同人称指示词的现象在现代汉语中较为少见。一般来说,汉语更倾向于多重复原指而少用指示词的方式来表达意义,即"名词复现"的指代方式(王克非,2010)。然而,为了实现同样的语用功能,英文译文中同一句话有时需要复用同一个人称指示词来加强语气,拉近讲话者与听众的距离,同时增强输出语的逻辑,让译文更地道,更符合英文本身的表达习惯。为印证前人的研究成果,以"our"为例,语料库中2~5个"our"出现在同一句子的频率统计如表6-14所示:

表6-14 多个"our"在一句中的频率

同句个数	"our"出现句频	频率(包含"our"的句子中)	"我们"出现句频
2个	41	9.62%	6
3个	14	3.29%	3
4个	5	1.17%	1
5个及以上	2	0.47%	0
总计	62	14.55%	10

由表6-14可以看到,一句多个"our"的句子占总数的14.55%。然而原文中一句出现两个或以上语义接近"我们的"句子只有10个。此数据表明,在汉英口译中,口译员应敢于按照语义和语用的需要,在一个句子中使用多个相同的指示词,例如:

(106)李克强总理:我前面讲,要打造中国经济的升级版,就包括在发展中要让人民呼吸洁净的空气,饮用安全的水,食用放心食品。(2013)

译文:I said earlier that we want to fully upgrade **our** economy that also includes that in the course of development, we will do **our** best to make sure that **our** people can breathe clean air and have safe drinking water and food.

译文中一共使用了三个"our",然而其语用功能和使用的原因却不尽相同:第一个"our"是语义调整,将"中国"译为"our",体现了总理升级中国经济的信心。第二个"our"是显化的产物,口译员将"要让人们"译为"will do our best to make sure"加强了讲话者的语气。第三个"our"起到了移情的作用,拉近了讲话者与广大人民的距离。

(107)温家宝总理:我和我在座的同事们都懂得一个道理:只有把人民放在心上,人民才能让**你**坐在台上。(2008)

译文:All my colleagues present here and I myself know very well that only when **you** have the people in **your** heart will the people support **you** in **your** office.

原文仅仅使用了一个"你",但是译文中第二人称指示词却出现了四个。此译文的结构有些类似肯尼迪的名言:"Ask not what your country can do for you, ask what you can do for your country."这样的重复使用,目的不只是清晰所指,而是让译文更具逻辑性,还通过两个"you"和"your"的排比和重复对广大政府官员起到警醒的作用。

(五)省略重复

重复可以让汉语读起来朗朗上口,还能起到强调的作用,但是英语却很忌讳重复。所以在汉英口译中有时要通过省略的方式来尽量避免同一内容的简单重复。中文为了体现讲话者的气势,时常会有较多人称指示词堆叠的情况发生。在进行汉英口译时,部分句子考虑到英语的行文规则以及句子结构,在译文中对人称指示词进行了省略,以避免不必要的重复。在本语料库中,共计97次省略,其中第二人称主语87次,第一人称主语9次,第三人称主语1次。虽然在汉英口译中,显化和添加技巧的使用频率高于省略,但是在原文人称主语重复较多,省略后译文不影响理解的情况下,应果断进行省略,以保证译文的简洁性。如:

(108)台湾年代电视台记者:另外**我们**知道在大陆各个城市有很多很多的台商,在这里做生意,甚至是安身立命,不晓得这个新的法律对于这些广大台商们的权益是不是会造成任何影响?甚或相反地,不是有影响,而是对他们的权益进一步保障。(2006)

译文:Moreover, **there are** many business people from Taiwan living in cities on the Chinese mainland, either doing business or they have already settled down. Will this law affect their interests? If not, will the law actually turn out to be promoting and protecting their interests?

原文中"我们"是台湾地区记者为了拉近自己(提问方)与总理(回答问题方)距离而使用的具有移情语用功能的第一人称指示语。但是口译员在口译中为了表达的效率性,以及顾及句子结构等原因(使用"there be 结构"来处理动词"有"),直接隐去了该人称,使得译文更加简洁明了,便于听众理解。

第三节 转述动词

作为陈述事实、阐释观点时所使用的词汇,转述动词一直是语言学研究的一大热点。早在20世纪70年代,转述动词就引起了国外学者的关注。他们先是做了其语义(Hunston, 1995)、语态(Tarone, 1931)和句法功能(Shaw, 1992)的本体研究,之后对转述动词进行了分类(Swales, 1990; Thompson & Ye, 1991; Thomas & Hawes, 1994)。21世纪以来,大部分学者转向了转述动词的综合研究(Charles, 2006; Soler & Gil, 2011)。而国内的研究主要关注于中外同类型文本中转述动词使用特征的对比研究(胡志清、蒋岳春,2007;娄宝翠,2013)以及具体的语篇和语境中,例如新闻中转述动词的批评性(康俊英、李风琴,2018)、来源(唐青叶,2004)、转述方式(辛斌,2008)及转述动词的出现频率以及分布(娄宝翠,2011)等。

纵观现有转述动词的相关研究,其主要研究语境是学术论文、新闻及文学作品,对于口语中的转述动词研究并不多见,这主要是由于日常口语交际中转述及引用他人观点较少所导致。但是"两会"总理记者招待会作为世界了解中国政治、经济、外交等政策的窗口,以及一种特殊的口语交际场合,需要引用不同来源的消息、观点以及数据,所以在这种场景中也会有相当数量的转述动词出现。同时,大部分的转述动词研究专注在语言学的视阈,较少有研究从翻译以及语用的角度对转述动词进行分析。

随着我国政治力量和经济实力的不断发展与强大,中国已逐渐成为全世界关注的焦点,中国的政策方针和政治立场也日益受到国内外媒体的密切关注。近些年来,中国政府定期或不定期举行各类记者招待会、新闻发布会发布国家的政策、方针,而举办这些会议的目的是为了让世界更好地了解中国国情。在这些会议中,最具代表性的当属每年"两会"后召开的总理记者招待会。在这样的重要场合上,总理及口译员对转述动词的使用频率有何特点,包含了哪些语用功能,口译员如何对转述动词进行双语转换?本书采用定量与定性研究相结合的研究方法,以15年(2002年至2016年)的"两会"总理记者招待会为语料库,找出其中高频的转述动词并以此为研究对象,归纳出转述动词在"两会"总理记者招待会中的语用功能及翻译策略。

一、转述动词相关研究

(一)转述动词的分类研究

最早对转述动词分类的是Swales(1990),他将转述动词较为简单地分成两类,第一类为表明作者态度的词,如"demonstrate""show"等。另一类词只客观转述观点和看法,并不表明作者态度,如"propose""suggest"等。Thompson 和 Ye(1991)的分类较为系统，他们首先将转述动词分为作者转述行为动词(writer acts)和被转述人言语行为动词(author acts)两大类，再将被转述人言语行为动词分为语篇型、心理型与研究型转述动词三类，将作者专属行为动词分为比较型和推理型转述动词。但是，从符号意义的角度来看，作者与被转述人的视角有时是重叠的，因此不宜区别开来。在某些情况当中，有的转述动词可以被视为推理型转述动词，也可以从评价意义的角度被视为语篇型转述动词，无论是从哪种引用的角度来看，归根结底还是通过选择被引用的动词来加入个人评价。Thomas 和 Hawes(1994)将转述动词分为探究动词、证明动词和确定动词，并将现实世界动词分为过程动词和发现动词。Hyland(2002)集成了 Thompson 和 Ye 以及 Thomas Hawes 的分类框架，将引者和被引者的视角结合起来，并将评价意义融入符号意义。Hyland 将转述动词分为三类，分别为研究型、认知型和话语型。根据他的分类，我们发现研究型转述动词的评价意义有三个层次：叙实意义、反叙实意义和非叙实意义。认知型转述动词的评价意义有四个层次：积极意义、批判意义、中性意义和探索性意义。话语型动词可分为三类：确信动词、怀疑动词和反对动词。

  本研究主要考量转述动词在记者招待会中的语用功能，其考察重点为讲话者对引用及转述信息的观点、态度，所以本研究主要参照康俊英、李凤琴(2018)从转述立场对转述动词的分类，将转述动词分为积极、消极和中性三类。其中，积极动词包括能够唤起话语源的积极形象的、理性的、严谨的、公正的动词；消极动词是指损害话语源的公众形象，表现其任意性、霸道性的转述动词；中性动词本身没有任何情感色彩，只是客观地对事情进行描述与报道。

(二)转述动词的对比研究

  转述动词的对比研究分两种，第一种为本族语与非本族语者转述动词对比研究，如 Neff 等(2003)通过非英语母语和英语母语的学术语篇语料库，发现与本族语作者相比，非本族语作者对某些转述动词使用频率明显较多(如"say")，部分转述动词使用频率较低(如"state" "argue")。胡志清、蒋岳春(2007)通过自建语料库,对比中国研究生与英语母语研究生英语硕士论文中的转述动词差异。相比而言,中国研究生在英文论文中更倾向于使用研究性动词和心理动词,而母语作者的语篇动词使用频率较高;在转述动词的频率分布上,中国学生的使用比较单一、集中,而外国研究生的转述动词的使用显得更加灵活宽泛。陈建林(2011)比较的是中美大学生作文中的转述动词,比较结果是中国学生引述动词使用结构单一,缺乏灵活性;美国学生多使用话语动词,中国学生使用认知动词频率高于美国学生。张军民(2012)对比了中外有经验的学者使用转述动词的特征,发现虽然在使用转述动词的总数上没太大差别,但在语义上有所差别。辛斌(2008)通过对比《中国日报》和《纽约时报》两种报纸在转述动词使用上的偏好,发现这两种报纸在使用转述动词的数量、平均使用次数和每个动词引导的引语字数上具有较高的一致性,但是两个纸媒在"say"和"according to"的使用和分布上存在较大差异,之后作者也分析了造成此差异的原因。第二种为不同学科论文中转述动词的使用,如 Hyland(1999,2002)收集了八个不同学科的期刊论文(四个人文学科,四个自然学科),发现人文学科更倾向于使用话语动词,而自然学科更偏向用研究动词。Charles(2006)也作了类似的自然与人文学科比较研究,但结果却略有不同:两个语料库都偏好使用话语动词并使用一般现在时。国内学者袁邦株、徐润英(2008)选择心理学、社会学、教育学及语言学 4 个领域的 30 篇学术论文建成语料库,分别统计了四类学科中最常使用的转述动词及其出现的频率,并且分别统计简介、结果和讨论部分转述动词的出现频率。研究结果显示简介部分的转述动词使用频率最高,结论部分使用频率最低,讨论部分频率居中,四个人文社科领域论文中对转述动词的选择上没有实质性的区别。

(三)转述动词的本体研究

对于转述动词的本体研究,最早的是贾中恒(2000)在对转述语的研究中部分提到转述动词的形式特点、语义特点和语用功能。李曙光(2015)运用认知转喻理论,对转述句中转述动词常规性地选用一般现在时形式进行动因分析。许明武、白振洋(2013)基于自建语料库,对《时代周刊》60篇论文中的111个转述动词进行分析。研究从感召功能、语用缓和功能、命题表态功能以及编码—解码经济性功能四个角度对其语用功能进行了探讨,丰富了转述动词的语用功能分析。

二、研究方法

(一)研究问题

通过分析2002年至2016年15年间"两会"总理记者招待会发言中出现的转述动词及其译文,本书旨在探讨以下三个问题:

(1)"两会"总理记者招待会汉英口译中原文和译文中各类转述动词的出现频率如何?

(2)"两会"总理记者招待会中转述动词产生了哪些语用功能?

(3)转述动词在汉英口译中使用了何种口译策略以体现其语用功能?

(二)研究步骤

首先,对语料库中人称指示语原文和译文中出现的转述动词(中英文各20种)的频率进行统计。

其次,通过比较原文和译文中转述动词的词频和使用方式的不同,分析造成此现象的转述动词的语用功能。

最后,根据其语用功能,确定每个汉语转述动词的口译策略,以及原文中未出现转述动词而在译文中有意显化的案例,用 Microsoft Excel 将全部例子进行标注和统计,并选择个案进行分析,得出转述动词的口译策略及其动因。

(三)收集数据

在总容量124216词的15年"两会"总理记者招待会口译语料库中,20个转述动词共出现了609次。需要说明的是,部分转述动词,例如"say""think"等经常用来表示讲话者自身观点,并未实现转述功能("I think""I want to say"等)。当所有包含转述动词的例子从语料库中搜索出来后,对所有例句进行了人工审校,最后只选出来实现转述功能的动词，剔除了表示个人看法，未对他人观点进行引用的动词，最终结果如表 6-15 所示：

表 6-15 "两会"总理记者招待会英语转述动词频率分布

积极转述动词		消极转述动词		中性转述动词	
believe	12.3%	complain	3.1%	report	8.9%
maintain	11.4%	call	2.3%	think	8.4%
hope	10.2%	fear	0.8%	say	7.1%
expect	4.3%	claim	0.7%	tell	6.4%
find	3.6%	argue	0.5%	according to	6.2%
suggest	3.1%			state	3.1%
declare	2.4%			show	2.8%
				describe	2.3%
总和	47.3%	总和	7.4%	总和	45.2%

由以上统计结果可以清楚地看到在"两会"总理记者招待会的英文提问和英译译文中，积极和中性转述动词的使用占绝大部分。使用积极的转述动词表示总理及提问记者对转述信息有信心，传达积极信息，而使用中性转述动词会给听众一种客观、权威的感觉，可以让听众意识到消息的可信、客观与清晰。高频率的积极和中性转述动词反映了记者及总理说话积极严谨，低频率的消极转述动词有利于更好地进行沟通交流，广大听众也能够清楚地理解发言的真实性和客观性。

前人研究（徐冬青，2013）中，母语使用者的英文中转述动词使用频率最高，非母语使用者英文中转述动词频率次之，中文中转述动词使用频率最低。在本书语料库中，中文中总共出现了 572 个转述动词，相比英文中的转述动词数量更少，与前人研究结果一致。同时我们也看到，消极转述动词在原文和译文中的比例比较一致，而英文译文中积极转述动词的比例提高了 11%（如表 6-16 所示），这也说明在口译过程中，口译员对部分转述动词进行了情感迁移，将中性转述动词转译成了积极转述动词。

表 6-16 "两会"总理记者招待会中文转述动词频率分布

积极转述动词		消极转述动词		中性转述动词	
提出	16.3%	承认	2.4%	认为	15.6%
相信	7.5%	抱怨	1.2%	表示	9.8%
要求	5.9%	指责	1.2%	说	9.1%
强调	3.9%	据说	0.7%	提到	6.8%
宣布	1.9%	抗议	0.4%	告诉	6.3%
指出	0.9%	透露	0.4%	感到	4.2%
				表明	2.9%
				称	2.6%
总和	36.4%	总和	6.3%	总和	57.3%

三、转述动词的语用功能

(一) 感召功能

口语表达不同于书面表达，听众有且只有一次机会听到原文的信息，在这种背景之下，讲话者会大量使用各种转述动词增强语言的感染力，增加讲话者的感召力，从而吸引听众的注意力，这不仅使更多的听众愿意听下去，同时也可以保证听众牢牢抓住讲话者最需要传达的信息。在本研究中，实现感召语用功能的大多为中性转述动词，请看以下例子：

(109) 朱镕基总理：什么叫"三个到位"呢？第一个到位就是我们已经确定了我们在三年左右的时间里面要使大多数的国有大中型企业摆脱困难，进而建成现代企业制度。就是**说**，三年必须办好这件事情。(1998)

译文：By three put-into-place, I mean first put-into-place, that is, we have decided to enable most large and medium-size state-owned enterprises to be lifted from their current difficult situations in about three-year's time, and then to establish a modern enterprise system in these enterprises. **That is to say**, we must do this job well in three year's time.

在转述动词的使用中,"say"和"说"的使用分别占总数的 7.1% 和 9.1%。中性转述动词"say"的使用给听众一种客观的感觉,可以让听众意识到消息的可信、客观与清楚,而客观清楚的信息也促使听众继续往下听,去思考。在上述例子中,"说"的转述对象——政府对于"三个到位"的解读,虽然只是短短一句话,但听众不免有兴趣知道政府接下来如何让国有企业摆脱困难,什么时候建成现代企业制度。同样地,这也会感召听众更迫切地想要知道总理之后的回答。

(110) 香港凤凰卫视记者:熟悉您的人都说您是一个重视事实、而且非常注重数据的人。麻烦您告诉我们,在目前中国国情当中,有哪些数据您认为是最为可喜的?有哪些数据您认为最忧心、牵挂和关注的?(2003)

译文:**According to** people who know you well, you believe in facts and you let statistics speak for themselves. Could you tell me what are the figures about China's present situation that satisfy you most and that worry you most.

中性转述动词"according to"的使用占总数的 6.2%,同样地,它也可以给人一种客观的感觉,让听众意识到消息的可信、客观与清楚,而客观清楚的信息也促使听众继续往下听,去思考。在上述例子中,"according to"的转述对象是对总理熟悉的人对总理的评价,对于领导人的评价一定要慎重,所以口译员使用了"according to"这个中性转述动词。通过转述其他人对总理的评价,即重视事实、注重数据,从而有了下面对总理提出的问题。这不免让听众产生兴趣:为什么会转述别人对总理的评价呢?下面是不是会提到与事实和数据相关的内容?诸如此类的问题。结果是使更多的听众产生兴趣,引发思考,并愿意听下去。

(111) 李克强总理:审计结果已如实对外公布,**表明**债务风险是总体可控的,政府的债务率在国际公认的警戒线以下,大多数债务还是投资性的。(2014)

译文：We have released to the public the audit result as it is. And it **shows** that the risks are on the whole under control. Moreover, our debt to GDP ratio is below the internationally recognized warning line, and most of the debt takes the form of investment.

作为中性转述动词，"show"占总数的 2.8%，"show"表示客观地展示一个数据、一种结果，显示出消息的可信度和客观性，也同样引发听众愿意继续听下去，迫切地想要知道到底这种结果是什么，并引发一系列其他的思考。上述例子中，"show"的转述对象是已经对外公布的审计结果，转述的内容是债务风险是总体可控的，在这里，使用了转述动词"show"以后，不仅引起了听众的注意，同时足以让听众有极大的思考空间，会不自觉地想要知道这一结果带来的影响和意义，有极大的兴趣愿意听下去，想要知道如何采取行动来控制风险等具体的问题解决方案。

(二) 命题表态功能

研究发现，转述动词的使用不仅可以吸引听众的注意力，保证听众不错过任何重要信息，增强讲话者的感召力，也在一定程度上折射了讲话者隐含的态度与评价。新闻发布会通常是对现实客观和真实的反映，但其中也渗透着讲话者所代表的新闻媒体的态度和立场。命题表态功能（李成团，2008）表明了讲话者对所陈述的引用话语的认真状态与态度。具体而言，不同类型的转述动词的选用含蓄地表达了讲话者对于被转述言语的认知态度，从而在无形中去影响听众的认知思维，请看下例：

(112) 温家宝总理：去年 6 月 29 日，我到香港出席 CEPA 签署仪式后，讲了一篇话。我说，有人**说**这个安排是一份大礼。(2004)

译文：Towards the end of June last year, I was in Hong Kong for the signing ceremony of CEPA. Following that I made a speech in which I mentioned that some people **believed** that CEPA was a big gift I have brought to Hong Kong.

"believe"是英文积极转述动词频率最高的，占总数的 12.3%，然而其中文直译"相信"的频率却不是中文积极转述动词频率第一，究其原因，我们发现英文中较多的"believe"是显化而出，或是由中性或消极的中文转述动词转译而来。如本例中，原文温家宝总理使用了中性转述动词"说"来评价签署 CEPA 协议的重要性和积极意义。作为签署该协议的主要见证人之一的温家宝总理在评价该协议的时候较为谦虚地使用了中性转述动词，而口译员为了显化该协议的意义，转译成积极转述动词"believe"，意在强调我国对香港发展的支持力度，也表明了讲话者对香港经济未来发展持积极态度。与积极转述动词相反，消极转述动词的运用表明报道者对于被转述内容持有不认同的确信度，因而消极转述动词的选用表明了报道者对于转述言语持怀疑的态度。请看下例：

(113) 香港有线电视记者：另外，现在有人**说**香港已经逐渐在消失它的传统优势，已经没有独立的能力应对区域竞争。(2011)

译文：Some people **argue** that Hong Kong is losing its traditional advantage and is no longer able to cope with regional competition on its own.

在该例中，原文也是使用了中性转述动词"说"，而口译员通过消极转述动词"argue"的使用，巧妙地将不同方面的声音引入语篇中并具有评价意义。通过"argue"的使用将有些人对香港优势的怀疑引入问题中，而"argue"的使用又蕴涵着一定的评价意义，提问者认为这种观点是不合理的，"argue"的使用暗含了对该观点的不同意和不支持，即仅仅是自认为而已，信息的真实性有待证实，转述内容虽然有违事实，但是却通过转述动词的使用折射出提问者的命题表态功能。

(三) 语用缓和功能

语用缓和是一种常见的语用现象。在言语交际中，为了避免或减少话语可能带来的矛盾、冲突、交际失败等负面效果，讲话者经常采取某种方式，对话语进行修饰。而话语修饰又常常能达到讲话者所期待的效果或目的，这种现象被称为"语用缓和"（冉永平，2007）。在新闻发布会中，讲话者通过转述动词的选用，避免或减少了话语带来的冲突、矛盾，从而降低了言语行为对讲话者造成的面子威胁，体现了讲话者的礼貌。通过合适的转述动词的使用不仅表达了报道者的态度，同时也不至于与被转述者发生冲突，从而维护了被转述对象的面子。请看下例：

（114）新华社记者：但是不少经济学家却**认为**世界经济和中国经济的发展都存在二次探底的风险，甚至认为这种风险不可避免。(2010)

译文：However some economists **believe** that both the world economy and China's economy face the risk of a double-dip. And they even hold the view that a double-dip is not avoidable.

在此例中，讲话者通过积极转述动词"believe"的运用，一方面转述了一些经济学家对世界经济和中国经济不看好的观点，但讲话者没有直接使用措辞严厉的动词，而是运用积极转述动词"believe"来表示经济学家的消极观点；另一方面，"believe"的运用并没有表达强烈的否定态度，也没引起所谓"硬碰硬"的冲突。因而运用缓和动词实际上缓和了记者和总理之间的紧张氛围，避免了冲突、矛盾的出现，维护了被转述者的形象与面子，从而促成了和谐的言语交际氛围。

（115）朱镕基总理：至于**说**我这样做是为了吓唬老百姓，我想没有一个人相信他这种说法。(2002)

译文：And the report goes on to **say** that I did all that for the purpose of intimidating the Chinese public. I don't think that anyone would believe that story.

在转述动词的选用中，"say"的使用占总数的7.1%。中性转述动词"say"的使用给听众一种客观的感觉，可以让听众意识到消息的可信、客观与清楚。而客观清楚的信息也促使听众继续往下读，去思考。在上述例子中，"say"的被转述对象是"report"，这句话是朱镕基总理对法新社记者的问题的回答，朱镕基总理十分谦虚，表示自己除了埋头苦干之外没有别的优点，同时提到报道上面写的内容，而"say"作为一个中性转述动词缓和了对记者的不实报道的不认同，同时也给听众以遐想，让听众有自己的判断：到底什么是真实的事实呢？

四、转述动词的口译策略

不同于人称指示语那样汉英的形式及语义差别较小且一一对应，转述动词有时在进行双语转换时存在一词多译的可能，再加上语用功能及语义上存在明显的差别，在进行汉英翻译时仅注意语义对等远远不够，还需要译者在翻译时灵活处理。在汉英口译中，转述动词的翻译策略可以分为直译、转译、增译及减译四种。其中直译较常见，故不作讨论，在此主要讨论转译、增译以及减译三种策略，具体如下：

(一) 转译

在本研究中，译者进行的转译分两种，第一种为转述动词的类别转化，即从积极变消极或从中性变成另外两种，通过对语料库进行统计，英文译文中的转述动词进行的类别转化分布如表 6-17 所示：

表 6-17 "两会"总理记者招待会转述动词类别转化频率分布

类型	总数	类型调整	调整比例
积极转述动词	289	55	22.5%
中性转述动词	275	27	9.8%
消极转述动词	45	12	26.7%
总计	609	94	15.4%

通过表 6-17 可以看到，虽然英文译文中消极转述动词的数量最低，但是却有较高比例从其他两种转译转译而来，而这一比例最低的是中性转述动词。大部分的消极转述动词是由中性转述动词转换而来，例如：

(116) 韩国 KBS 记者：我的问题是，近几个月中国 CPI 涨幅一直维持在 1.5% 左右，今年 1 月更是只有 0.8%，所以我觉得中国已经进入通货紧缩，所以有一种**说法是**中国是全球通货紧缩的输出者，对韩国也有影响，对此您怎么看？（2015）

译文：China's CPI rise was at just about 1.5 percent in the past few months—and in January the figure was near 0.8 percent. So are we to conclude that China entered deflation? Some people also **argue** that China is exporting deflation to other parts of the world and that it has also affected the Republic of Korea, what is your response?

原文中用了较客观的"说法是"，属于中性转述动词，但是原文中暗含着对中国货币及物价政策的批评，并且认为该政策对韩国有负面影响。为了实现最佳关联，使得听众更方便理解原文，尤其是原文中暗含的感情色彩，口译员将中性转述动词转译为了消极转述动词"argue"，减少听众理解原文的压力和难度。

(117)《日本经济新闻》记者：很多专家**认为**在中国经济转型升级当中，日本企业能够发挥的作用很大。(2016)

译文：Some experts also **believe** that Japanese companies can play a big role in helping China achieve economic transformation.

在译文中，口译员将中性转述动词翻译成了积极转述动词，这种类型转译的次数也是所有类型转译中较多的。很多新闻记者在提问时或者总理在表达观点时，为了尽量保证客观、中立，会使用较多数量的中性转述动词。一般来说，中性转述动词表示讲话者对所引用或转述命题持中立态度；消极转述动词表明了讲话者对被转述内容的不认同；积极转述动词则表明了讲话者对转述对象的积极态度。虽然作为日本记者，不太可能使用一个太具有感情色彩的词汇来评价本国专家的观点，但可以听出来日本记者对日企在中国经济转型中的作用充满期待。口译员正是充分理解到日本记者的态度，从而直接从语用的角度进行了转译，从而凸显讲话者的交际意图以及内心的实际态度。

(二) 增译

汉语是意合的语言，而英语是形合的语言。当进行汉译英的转换时，意合的语言需要转换成形合语言，这就需要增加很多表示逻辑关系以及不同内容之间内在联系的词语。在本研究中，有一部分英译的转述动词并没有在原文中找到对应，这部分转述动词是口译员为了显化观点及观点阐述人之间的逻辑关系的增译，例如：

(118)朱镕基总理：关于我国西部的开发，早在80年代就是邓小平"两个大局"战略思想的内容。去年以来，江泽民总书记多次强调西部大开发，在开发前加了一个"大"字。(2000)

译文：Actually the development of China's west was part of Comrade Deng Xiaoping's strategic thinking that he put forward as early as in the

1980s, concerning the two overall situations about the development of China. And starting from last year, General Secretary Jiang Zemin has on many occasions put emphasis on developing China's west. He also added the phrase of "big programme" or "major programme" to **describe** our programme of developing China's west.

汉语原文中朱镕基总理提到江泽民总书记在开发前加了一个"大"字,但如果在英译中简单地翻译为"big"或"major"可能无法让外国记者领会国家领导人对待西部开发的态度,于是口译员做了较大的增补,为了强调西部开发的"规模大""重要性大",先将一个"大"字增补为"big programme"和"major programme",之后又巧妙地增译"describe"来表明江泽民总书记以及党中央对西部大开发的重视程度。

(119)李克强总理:因为我们取消了注册资本的实缴制,她的热情来了,说要办一个婚庆公司,而且她说:"我知道这个地方办婚礼的老礼数,有些家庭希望这么办,我没有读过很多书,但这是我的核心竞争力。"(2015)

译文:As you may know, the government has replaced the paid-in capital registration requirement, so this led to an increase in the enthusiasm of those who were thinking of starting their own business—and this woman was one of them. She told me that she wanted to register a wedding service company because she was well versed with the traditional ways of holding such wedding ceremonies, and she **believed** that she had a competitive edge in providing these services.

在本例中,李克强总理引用了一个想创业成立婚庆公司的退休妇女的观点,由于该退休妇女的话语较为口语化,所以逻辑性和信息表达效率方面较为欠缺。口译员在这里对原文进行了大刀阔斧的改译,直接将整句话前三小句整合成了一个英文小句,并在之后的一个小句中直接给出结论性的信息:该妇女认为她具备较强的竞争力,通过增译积极转述动词"believe",既表明了该妇女对其优势的信心,也凸显了政府进行注册资本改革后点燃了万众创业的激情。

（三）减译

由于转述动词主要目的为陈述事实或引用、阐释他人观点，大多数情况下，由转述动词所转述的信息是有明确消息来源的。在少数情况下，讲话者也会使用转述动词来引出没有来源的信息或者观点。这时，口译员有时会考虑进行省略，来保证信息的准确性，避免歧义出现。此类翻译策略在本研究中数量较少，译文中只发现5例，比如：

（120）台湾中天电视台：我想请教您的是，台湾今年改党轮替。有舆论**认为**，政党轮替之后可能会对两岸关系未来的发展带来一些不确定性。（2016）

译文：There has been a change of ruling party in Taiwan this year. **There is** a perception that the change will bring uncertainty to cross-strait relations.

在原文中，记者直接用转述动词"认为"去引导一个没有来源的消息，这是一个不太规范的转述动词用法。为了避免将错就错，口译员在译文中做了省译，并且使用了"there be"句型来引导被引用信息。这种存在句的存在物名词一般具有非确指性，也就是说，"there be"后面的信息是确定的，但是来源不确定，这样的处理方式显示了口译员对原文准确的理解，从中也可以看出口译员实现了最大关联，听众付出最小努力就可以获得最大理解。

第四节　本章小结

本章对语料库源语及译文中均为高频词，差异较大且为研究重点的情态动词、人称指示语和转述动词的词频进行统计，基于词频的差异对比得出语用功能，最后总结出汉英口译策略。

由于三个语素的差异较大，所以语用功能较为不同，其中情态动词的主要语用功能为：（1）增加不确定性。（2）提高礼貌程度。（3）表达美好期望。（4）强化坚定态度。人称指示语的语用功能主要为：（1）显化讲话者或听众的身份，如显示权威、表示尊敬。（2）改变讲话者与听众的距离，如区分你我、拉近距离和换位思考。(3)泛指任何人。(4)语篇衔接。转述动词的语用功能为：(1)感召功能。(2)语用缓和功能。(3)命题表态功能。

但是三个语素的口译策略较为接近。其中，直译的策略使用频率较少；情态动词和人称指示语增译的比例较大，汉语译文中增译而来的情态动词超过40%，而增译而来的人称指示语则接近60%；转译比例较低，约为10%，减译的比例最低。

第七章 总 结

第一节 研 究 结 论

通过第二章至第六章的文献综述、研究方法设计、语用功能和口译策略的讨论，得出如下结论：

第一，本书对选题的背景和意义进行了介绍，通过对口译中话语明示的研究归纳，总结了明示话语在言语交际中的理据，确立了明示话语在本研究中的定义和内涵，以及明示话语在口译过程中的使用策略。通过回顾近 30 年国内外语用功能的相关研究，国内外学者均存在研究方法相对主观、语料来源缺乏系统性且较为随意，语用功能研究对象过宽或过窄等问题。对于语用学视角下的口译研究，虽然研究数量众多，但是缺乏新意，大多数均为已经成型的语用理论在口译领域中的运用，原创性研究也主要侧重在基于观察而得出的主观结论上，缺乏基于科学研究方法，从语用学角度对口译过程的全面系统研究。

第二，本着口译视频和录音易采集性、口译员的高水准性等准则，本研究选择了 1998 年至 2014 年 17 年间的"两会"总理记者招待会的汉英口译作为研究语料。并根据前人研究总结、采用 CNKI 关键词搜索法等方式确定了本研究的 8 个语言要素，8 种语言要素被分成了讲话者、口译员及讲话者与口译员均使用的明示话语三类，并根据现有研究不足提出了四个研究问题。

第三，对于讲话者使用的明示话语，不同的语言要素采取了不同的方式来探究其语用功能：对于中国特色词汇，通过对其构词特征进行分析来确定其四项语用功能。在四类翻译策略中，直译主要为了实现构词方式的对等，而意译和源语补充法主要为了弥补直译在语用功能上的缺失，源语简略法并没有在本研究中出现。隐喻的语用功能主要为帮助讲话者强化或者弱化语言效果，以及帮助听众更好地理解源语。隐喻的口译最佳处理方式为直译，在直译无效时，口译员应寻找相似喻体，或者用解释意译或摒弃喻体来实现译文与原文的语用对等。而语气助词在口译原文中主要出现在问句中，陈述句较少。通过删除对比法发现，语气助词的增减会加强或者减弱语气，语气的增减会导致祈使、强调、询问、引起注意、不满等语用功能，为了实现上述语用功能，语气助词除了省去不译之外，还有增译加强语气词汇、改变句式和化繁为简等口译策略。

第四，对口译员所使用的明示话语，主要通过显化而出的明示话语语用功能分析，进而总结出显化策略：通过研究增译话语标记语的语用功能，发现被动标记语在汉英交传中增译的频率大大低于汉英同传，而主动增译的话语标记语相对较多，以解释标记语为主，也有逻辑标记语和强调标记语，主要为帮助听众更好地理解译文而选择增译。最后，对增译的模糊语进行分类以及语用功能研究，发现每种语用功能都可以通过对应的一至两种模糊语来实现。

第五，通过对讲话者和口译员均使用的明示话语语用功能分析，了解口译员实现语用对等，更好地帮助听众理解原文的策略：情态动词的语用功能主要通过译文原文比和值的比较法来进行确定，译文中的情态动词大多是增译而来，直译而来的比例不足40%，而正说反译以及变价翻译而来的比例较少。而人称指示词在英文译文中的使用频率较中文原文高，其中人称主语指示词频率差较小，所有格指示词使用频率差较大。原文和译文中人称指示词的词频差别是由于人称指示词在英汉两种语言中语义所指、语用功能和英汉句式和语言表达上的不同造成的。汉英口译中，人称指示词的翻译策略要遵循指示语在汉英两种语言中使用频率差异规律，抛开语义对等，追求语用的等效。转述动词可以吸引听众的注意力并激发其好奇心，从而发挥其感召功能。但是，在不同的情景中转述动词的选用也反映了讲话者的态度和评价，这在一定程度上可以反映为语用缓和功能。更重要的是，在"两会"总理记者招待会中，讲话者使用转述动词来避免或减少这些词可能带来的矛盾冲突和沟通困境，从而降低了言语行为对讲话者造成的面子威胁，体现了讲话者的礼貌。这有助于维护被转述者的形象与面子，从而促成了和谐的言语交际氛围。转述动词的转译的主要形式为三类转述动词之间的转译。在译文中，转译而出的积极转述动词数量最多，而转译而出的消极转述动词的频率最高；大部分的增译是口译员为了凸显观点及观点阐述人之间的逻辑关系而进行的逻辑性显化；而隐去策略的使用更大的目的是为了避免歧义，从而让听众以最小的精力获得最大关联。

第二节 研究不足与展望

语用功能研究是一个相对主观而又系统的工作，首先，本研究大多数语用功能虽然基于数据分析等科学方法得来，但是由于所选语料的限制，不太可能通过访谈或问卷等方式来对讲话者和口译员进行进一步的沟通，从而更客观地了解其用语的意图。其次，本研究所选择的语料库具有一定局限性，由于专题的一致性以及场合的特殊性，语言较为正式，所讨论的话题以政治、经济为主，并不完全具备普遍性与共性。最后，本研究仅仅是对汉英交传中的语用功能进行解读，英汉口译，以及汉英、英汉同传均未涉及。

对于未来本领域的研究展望而言，第一，可以结合对讲话者和口译员的问卷或者调查，辅以数据解读以及其他方式，对口译过程中源语和译文的语用功能进行更客观的解读。第二，可以借助规模更大、涉及领域更广的口译语料库，来验证本研究中所总结的语用功能、词频以及口译策略是否同样适用于不同领域、不同语体下的汉英口译。第三，对英汉口译，以及同声传译中的语用功能进行分析，尝试分析出更具共性的语用功能特征和口译策略。

参 考 文 献

[1] Andrew, C. The Use of Reported Speech by Court Interpreters in Hong Kong [J]. Interpreting, 2012(1): 73-91.

[2] Baker, M. Corpus-based Translation Studies—The Challenges That Lie Ahead [M]. In: H. Somers (ed.). Terminology, LSP and Translation: Studies in Language Engineering in Honour of Juan C. Sager. Amsterdam Philadelphia: John Benjamins Publishing Company, 1996: 175-186.

[3] Black, M. Models and Metaphors [M]. Ithaca: Cornell University Press, 1962.

[4] Blakemore, D. Semantic Constraints on Relevance [M]. Oxford: Blackwell, 1987.

[5] Blakemore, D. Understanding Utterances [M]. Oxford: Blackwell, 1992.

[6] Blakemore, D. Relevance and Linguistic Meaning: The Semantics and Pragmatics of Discourse Markers [M]. Cambridge: Cambridge University Press, 2002.

[7] Channell, J. Vague Language [M]. Oxford: Oxford University Press, 1994.

[8] Charles, M. Phraseological Patterns in Reporting Clauses Used in Citation: A Corpus-based Study of Theses in Two Disciplines[J]. English for Specific Purposes, 2006(3): 310-331.

[9] Cheng, Z. Mediation Through Personal Pronoun Shifts in Dialogue Interpreting of Political Meetings [J]. Interpreting, 2012(2): 192-216.

[10] Christelle, P. Evidence of Repair Mechanisms in Simultaneous Interpret-

ing [J]. Interpreting, 2005, 7(1): 17-29.

[11] Edward, H. Beyond Culture [M]. New York: Anchor Books, 1976.

[12] Enfield, J. Primary and Secondary Pragmatic Functions of Pointing Gestures [J]. Journal of Pragmatics. 2007(10): 1722-1741.

[13] Ephratt, M. The Functions of Silence[J]. Journal of Pragmatics, 2008 (11): 1909-1938

[14] Esperanza, M., et al. Word Order and Informative Functions (Topic and Focus) in Spanish Signed Language Utterances[J]. Journal of Pragmatics, 2012, (3): 474-489.

[15] Fraser, B. What Are Discourse Markers? [J]. Journal of Pragmatics, 1999(31): 931-952.

[16] Gile, D. Conference Interpreting as a Cognitive Management Problem. In: Danks et al. (eds.). Cognitive Processes in Translation and Interpreting. Thousand Oaks. London and New Delhi: Sage Publications, 1997: 196-214.

[17] Gile, D. Basic Concepts and Models for Interpreter and Translator Training [M]. Amsterdam / Philadelphia: John Benjamins Publishing Company, 1995.

[18] Green, M. G. Pragmatics and Natural Language Understanding [M]. Hilliside: Lawrence Erlbaum Association Publishers, 1989.

[19] Grice, H. P. Further Notes on Logic and Conversation [A]. In: P. Cole & J. Morgan(eds.). Syntax and Semantics (Vol. 9) [C]. New York: Academic Press, 1978: 113-128.

[20] Grice, P. Logic and Conversation [C] // P. Cole & J. L. Morgan. Syntax and Semantics 3: Speech Acts. New York: Academic Press, 1975: 41-58.

[21] Grice, P. Studies in the Way of Words [M]. Cambridge, MA: Harvard University Press, 1967: 30-31.

[22] Halliday, M. A. K. Introduction to Functional Grammar [M]. London:

Edward Arnold, 1994.

[23] Huddleston, R., & Pullum, G. K. The Cambridge Grammar of the English Language [M]. Cambridge: Cambridge University Press, 2002.

[24] Hunston, S. A Corpus Study of Some English Verbs of Attribution [J]. Functions of Language, 1995(2): 133-158.

[25] Hyland, K. Activity and Evaluation: Reporting Practices in Academic Writing [A]. In: J. Flowerdew (ed.). Academic Discourse[C]. London: Longman, 2002: 115-130.

[26] Kempson, M. Semantic Theory [M]. London: Cambridge University Press, 1977.

[27] Kimps, D., et al. A Speech Function Analysis of Tag Questions in British English Spontaneous Dialogue [J]. Journal of Pragmatics, 2014 (5): 64-85.

[28] Labov, W. Denotational Structure [C] // D. Farkas, et al. Papers from the Parasession on the Lexicon. Chicago: Chicago Linguistics Society, 1978: 220-260.

[29] Lakoff, G. A Field Guide to Poetic Metaphor[M]. Chicago: The University of Chicago Press, 1989.

[30] Lakoff, G. Hedges: A Study in Meaning Criteria and the Logic of Fuzzy Concepts [M]. Chicago: Chicago University Press, 1972.

[31] Leech, G. Semantics: The Study of Meaning [M]. Harmondsworth: Penguin, 1981.

[32] Leech, G. Principles of Pragmatics[M]. London and New York: Longman, 1983.

[33] Levinson, C. Pragmatics [M]. Cambridge: Cambridge University Press, 1983.

[34] Levinson, S. C. A Review of Relevance[J]. Journal of Pragmatics, 1989(2): 455-472.

[35] Lyons, J. Semantics [M]. Cambridge: Cambridge University

Press, 1977.

[36] Millar, N. Modal Verbs in TIME: Frequency Changes 1923-2006 [J]. International Journal of Corpus Linguistics, 2009(2): 191-220.

[37] Neff, J. et al. Contrasting Learner Corpora: The Use of Modal and Reporting Verbs in the Expression of Writer Stance[A]. In: Granger, S. & Petch-Tyson, S. (eds.) Extending the Scope of Corpus-based Research: New Applications, New Challenges[C]. Amsterdam-New York: Rodopi, 2003: 212.

[38] Newmark, P. A Textbook of Translation[M]. Hertfordshire: Prentice Hall International Press, 1988.

[39] Nida, E. A. Language and Culture: Context in Translating[M]. Shanghai: Shanghai Foreign Language Education Press, 2001.

[40] Palmer, F. R. Modality and the English Modals [M]. London: Longman, 1990.

[41] Partington, A. Phrasal Irony: Its Form, Function and Exploitation [J]. Journal of Pragmatics, 2011(5): 1786-1800.

[42] Perkins, M. R. Modal Expressions in English [M]. New Jersey: ABLEX Publishing Corporation, 1983.

[43] Pochhacker, F. Introducing Interpreting Studies[M]. London and New York: Routledge, 2004.

[44] Prince E. F., et al. On Hedging in Physician Discourse [C] // Pobert J. Linguistics and Professions. Norwood, New Jersey: Ablex Publishing Corporation, 1982: 83-97.

[45] Reershemius, G. Research Cultures and the Pragmatic Functions of Humor in Academic Research Presentations: A Corpus-assisted Analysis [J]. Journal of Pragmatics, 2012(5): 863-875.

[46] Richards, A. The Philosophy of Rhetoric [M]. Oxford: Oxford University Press, 1936.

[47] Schourup, L. Common Discourse Particles in English Conversation:

Like, Well, Y'know[M]. New York: Garland, 1985.

[48] Seeber, K. G. Cognitive Load in Simultaneous Interpreting: Existing Theories—New Models[J]. Interpreting, 2011, 13(2): 176-204.

[49] Setton, R. Simultaneous Interpretation: A Cognitive-Pragmatic Analysis. Amsterdam/Philadelphia: John Benjamins, 1999.

[50] Shaw, P. Reasons for the Correlation of Voice, Tense and Sentence Function in Reporting Verbs [J]. Applied Linguistics, 1992 (3): 302-319.

[51] Sperber, D. & D. Wilson. Relevance: Communication and Cognition [M]. Oxford: Blackwell, 1986/1995.

[52] Swales, J. Genre Analysis: English in Academic and Research Settings [M]. Cambridge: Cambridge University Press, 1990.

[53] Tarone, E., et al. On the Use of the Passive in Two Astrophysics Journal Papers[J]. The ESP Journal, 1981(1): 123-140.

[54] Thomas, J. Cross-cultural Pragmatic Failure[J]. Applied Linguistics, 1983, 4(2): 91-112.

[55] Thomas, S. & Hawes, T. Reporting Verbs in Medical Journal Articles [J]. English for Specific Purposes, 1994(13): 171-186.

[56] Thompson, G. Ye, YY. Evaluation in the Reporting Verbs Used in Academic Papers[J]. Applied Linguistics, 1991(4): 365-382.

[57] Van Besien, F. & Meuleman, C. Dealing with Speakers' Errors and Speakers' Repairs in Simultaneous Interpretation[J]. The Translator, 2004, 10 (1): 59-81.

[58] Williamson, T. Vagueness [M]. London: Routledge, 1994.

[59] Zadeh, A. The Concept of a Linguistic Variable and Its Application to Approximate Reasoning (II) [J]. Information Sciences, 1975 (8): 301-357.

[60] 白海瑜, 惠春琳. 模糊语的语用功能及其语用失误[J]. 西安外国语学院学报, 2004(3): 11-13.

[61] 鲍晓英，钱明丹. 学生口译语用能力培养模式构建[J]. 外语界，2013(2)：88-94.

[62] 曹丽英. 试论口译中隐喻的理解与表达[J]. 韶关学院学报(社会科学版)，2005(7)：106-109.

[63] 曾文雄. 口译的语用流利性[J]. 中国科技翻译，2002(4)：22-24.

[64] 陈琛，姜莉. 口译中文化异同的隐喻认知及其翻译策略[J]. 长春理工大学学报(社会科学版)，2012(8)：151-153.

[65] 陈建林. 基于语料库的引述动词研究及其对英语写作教学的启示[J]. 外语界，2011(6)：40-48.

[66] 陈启庆. 从关联理论看广告语的明示策略[J]. 修辞学习，2008(4)：55-58.

[67] 陈淑莹. 标示语英译的语用失误探析[J]. 四川外语学院学报，2006(1)：117-120.

[68] 陈夏芳. 跨文化交际中称呼语的使用与语用失误[J]. 东北师大学报，1997(4)：83-86.

[69] 陈小慰. 口译教学中的相关语用链接[J]. 上海翻译，2005(2)：31-35.

[70] 陈振东，黄樱. 口译中的模糊信息处理[J]. 上海科技翻译，2004(1)：36-39.

[71] 邓贤贵，刘正喜. 英语模糊语及其语用功能[J]. 西安外国语学院学报，2000(4)：20-22.

[72] 邓毅. 中国特色词汇英译的策略与方法[J]. 黑龙江教育学院学报，2010(8)：145-147.

[73] 丁声树. 现代汉语语法讲话[M]. 北京：商务印书馆，1961.

[74] 董光音. 法律语言中模糊语的语用分析[J]. 河北法学，2005(9)：155-160.

[75] 董敏，冯德正. 英汉科技翻译逻辑关系显化策略的语料库研究[J]. 外语教学，2015(2)：93-96.

[76] 范勇. 《纽约日报》涉华报道对中国特色词汇翻译策略之研究[J].

解放军外国语学院学报，2010(5)：82-87.

[77] 费建华. 日语模糊限制语的语用分析[J]. 解放军外国语学院学报，2004(1)：26-30.

[78] 干薇，陈蔚. "吗"的简单与复杂刍议[J]. 理论界，2014(9)：128-132.

[79] 郭鸿杰，周芹芹. 现代汉语新词语的构词特点——兼评《新华新词语词典》[J]. 解放军外国语学院学报，2003(4)：40-43, 53.

[80] 郭举昆. 特指疑问句的非疑问功能及使用心理[J]. 外语研究，2003(4)：29-33.

[81] 何安平. 英语会话中的简短反馈语[J]. 现代外语，1998(1)：74-82.

[82] 何兆熊. 新编语用学概要[M]. 上海：上海外语教育出版社，2000.

[83] 何兆熊. 语用学概要[M]. 上海：上海外语教育出版社，1989.

[84] 何自然，冉永平. 新编语用学概论[M]. 北京：北京大学出版社，2009.

[85] 何自然，申智奇. 刻意曲解的语用研究[J]. 外语教学与研究，2004(3)：163-170.

[86] 何自然. 新编语用学概论[M]. 北京：北京大学出版社，2009.

[87] 何自然. 语用学概论[M]. 长沙：湖南教育出版社，1988.

[88] 何自然. 语用学与英语学习[M]. 上海：上海外语教育出版社，1997.

[89] 黑玉琴. 从关联理论看口译过程中的最佳意义选择[J]. 外语教学，2003(6)：93-96.

[90] 衡仁权. 话语标记语 And 在会话互动中的语用功能[J]. 山东外语教学，2005(4)：23-25.

[91] 胡开宝，陶庆. 汉英会议口译中语篇意义显化及其动因研究——一项基于平行语料库的研究[J]. 解放军外国语学院学报，2009(4)：67-73.

[92] 胡明扬. 北京话的语气助词和叹词[J]. 中国语文，1981(5)：

421-422.

[93] 胡志清,蒋岳春.中外英语硕士论文转述动词对比研究[J].语言研究,2007(3):123-126.

[94] 黄碧蓉.英汉第三人称代词照应功能的认知解析[J].外语学刊,2008(5):26-29.

[95] 黄立波.英汉翻译中人称代词主语的显化——基于语料库的考察[J].外语教学与研究,2008(6):454-459.

[96] 黄友义.坚持"外宣三贴近"原则,处理好外宣翻译中的难点问题[J].中国翻译,2004(6):27-28.

[97] 贾中恒.转述语及其语用功能初探[J].外国语,2000(2):35-41.

[98] 蒋丹.《政府工作报告》中中国特色词汇英译研究[D].厦门大学,2013.

[99] 蒋跃,淘梅.英汉医学论文讨论部分中模糊限制语的对比研究[J].外语学刊,2007(6):115-122.

[100] 金立鑫,白水振.现代汉语语法特点和汉语语法研究的本位观[J].汉语学习,2003(5):15-21.

[101] 康俊英,李风琴.政治新闻语篇中转述动词的批评性分析——以《纽约时报》南海争端报道为例[J].外语研究,2018(3):25-30.

[102] 雷晓峰,田建国.语用顺应论框架下的隐喻翻译模式研究[J].外语教学,2014(2):99-103.

[103] 李发根.唐诗《蜀道难》及英译文语气分析与语义功能等效翻译[J].西安外国语学院学报,2006(4):28-32.

[104] 李金鑫.明示—推理交际模式对汉英口译教学的启示[J].南昌教育学院学报,2012(8):159-160.

[105] 李静.留学生正反疑问句中语气词"吗"的使用偏误[J].广西社会科学,2005(4):160-161.

[105] 李克兴.英语法律文本中主要情态动词的作用及其翻译[J].中国翻译,2007(6):54-60.

[107] 李凌.话语标记语在会议口译中的重要性及翻译策略[J].河南大

学学报(社会科学版),2006(5):88-91.

[108] 李民,陈新仁. 英语专业学生习得话语标记语 WELL 语用功能之实证研究[J]. 外语教学与研究,2007(1):21-26.

[109] 李曙光. 英语学术语篇中转述动词一般现在时的转喻动因[J]. 外语研究,2015(5):11-16.

[110] 李鑫,胡开宝. 基于语料库的记者招待会汉英口译中情态动词的应用研究[J]. 外语电化教学,2013(5):26-32.

[111] 李学兵. 口译过程中影响理解的因素及理解能力的培训策略[J]. 外语教学,2005(3):85-89.

[112] 李亚群,姜晖. 关联理论明示—推理模式在交际中的运用[J]. 考试与评价(大学英语教研版),2012(3):30-32.

[113] 李勇忠. 信息短路下的话语标记[J]. 外语学刊,2003(3):21-25.

[114] 廖开洪. 谈"合作原则"在口译中的作用[J]. 中国翻译,1999(1):38-41.

[115] 廖素云,杜春雷. 明示所指,提高公示语英译交际效率[J]. 中国科技翻译,2011(2):50-52.

[116] 林同济. 从汉语词序看长句翻译[J]. 现代英语研究,1980(1):391-403.

[117] 刘法公. 谈汉英隐喻翻译中的喻体意象转换[J]. 中国翻译,2007(6):48-51.

[118] 刘建刚. 明示与隐含的对立——语言交际中的关联与模糊[J]. 西安外国语学院学报,2006(1):11-14.

[119] 刘礼进. 话语生成与理解:语序标记语作用[J]. 外语教学与研究,2002(3):167-173.

[120] 刘先刚. 疏漏、续译及其他——口译与语用学漫笔[J]. 中国科技翻译,1993(3):41-42.

[121] 刘晓玲,刘鑫鑫. 基于语料库的大学生书面语词块结构类型和语用功能研究[J]. 中国外语,2009(2):48-53.

[122] 刘泽权,陈冬蕾. 英语小说汉译显化实证研究——以《查泰莱夫人

的情人》三个中译本为例[J]. 外语与外语教学, 2010(4): 8-13.

[123] 刘正霞, 臧华. 英语口译中元语用意识探析[J]. 沈阳农业大学学报(社会科学版), 2011(1): 78-81.

[124] 龙丽超, 邓雪婷. 翻译伦理观下的中国特色词汇翻译[J]. 湖南工程学院学报, 2011(4): 44-47.

[125] 娄宝翠. 学习者英语硕士论文中的转述动词[J]. 解放军外国语学院学报, 2011(5): 64-68.

[126] 娄宝翠. 中英大学生学术论文中转述动词及立场表达对比分析[J]. 山东外语教学, 2013(2): 50-55.

[127] 陆俭明. 关于现代汉语里的疑问语气助词[J]. 中国语文, 1984(5): 330-337.

[128] 陆建平, 简庆闽. 旅游英语中语用失误例析[J]. 外语与外语教学, 2001(9): 23-25.

[129] 吕叔湘. 中国文法要略[M]. 北京: 商务印书馆, 1982.

[130] 马刚, 吕晓娟. 基于中国学习者英语语料库的情态动词研究[J]. 外语电化教学, 2007(6): 17-21.

[131] 马萧. 话语标记语的语用功能与翻译[J]. 中国翻译, 2003(5): 36-39.

[132] 门冬梅, 王一龙. 语气助词"呢"在英汉翻译中的应用研究[J]. 中北大学学报(社会科学版), 2015(4): 82-86.

[133] 莫爱屏, 袁洪. 口译中视角转换的语用原则[J]. 解放军外国语学院学报, 2014(2): 108-114.

[134] 莫爱屏. 交传与明示—推理交际——口译的理性思考[J]. 语言与翻译, 2003(2): 43-47.

[135] 莫爱屏. 口译中译员主体性意识的语用研究[J]. 中国外语, 2010(3): 103-107.

[136] 莫莉莉. 景观设计英汉口译中明示记忆的运用机制[J]. 上海翻译, 2009(3): 39-42.

[137] 彭漪, 张敬源. 汉英翻译中的理解障碍及其成因[J]. 中国科技翻

译，2002(2)：41-43.

[138] 齐沪扬. "呢"的意义分析和历史演变[J]. 上海师范大学学报(哲学社会科学版)，2002(1)：34-45.

[139] 齐沪扬. 语气助词与语气系统[M]. 合肥：安徽教育出版社，2002.

[140] 齐涛云. 关联理论观照下的口译笔记[J]. 民族翻译，2011(4)：70-75.

[141] 秦红，杨秀芬. 中国加入世贸组织后商务谈判面临的挑战——中美商务谈判口译语用失误分析[J]. 上海科技翻译，2003(4)：36-38.

[142] 秦红. 商务谈判口译语用失误浅析[J]. 哈尔滨工业大学学报(社会科学版)，2003(2)：119-121.

[143] 邱天河. 英语交际过程中的语用功能[J]. 外语教学，1994(1)：17-24.

[144] 冉永平. 话语标记语 well 的语用功能[J]. 外国语，2003(3)：58-64.

[145] 冉永平. 话语标记语 you know 的语用增量辨析[J]. 解放军外国语学院学报，2002(4)：10-15.

[146] 冉永平. 当代语用学的发展趋势[J]. 现代外语，2005(4)：403-412.

[147] 芮敏. 关联理论与口译理解策略[J]. 四川外语学院学报，2000(3)：100-103.

[148] 邵敬敏. 现代汉语疑问句研究[M]. 上海：华东师范大学出版社，1996.

[149] 孙建荣. 模糊限制语的语用功能——取消性[J]. 外语教学，1986(2)：1-8.

[150] 孙利. 关联理论视阈下的口译认知过程与口译教学探究[J]. 外语界，2013(1)：79-87.

[151] 孙汝建. 语气和口气研究[M]. 北京：中国文联出版社，1999.

[152] 孙雁雁. 句末"啊"的交际功能分析——以《家有儿女》语料为例[J]. 语言教学与研究, 2013(3): 99-105.

[153] 谭卫国. 英语隐喻的分类、理解与翻译[J]. 中国翻译, 2007(6): 42-46.

[154] 汤敬安. 情态动词的语用综观性[J]. 外语与外语教学, 2008(9): 19-21.

[155] 唐芳, 李德超. 汉英交替传译中的显化特征——职业译员与学生译员对比研究[J]. 外语教学与研究, 2013(3): 442-452.

[156] 唐青叶. 学术语篇中的转述现象[J]. 外语与外语教学, 2004(2): 3-6.

[157] 唐青叶, 李东阳. 汉英语气系统对比分析与翻译[J]. 上海翻译, 2007(3): 69-73.

[158] 田琳. 汉语语气助词在英汉翻译中的运用[J]. 外语教学, 1997(3): 80-82.

[159] 佟玉平. 基于语料库的汉英翻译显化现象研究——以人称代词主语为例[J]. 外语教学, 2014(1): 108-111.

[160] 汪滔. 论口译的跨文化语用失误[J]. 中国科技翻译, 2002(1): 19-21.

[161] 王海霞. 英语话语标记语功能的共性和区别——一项基于语法化保持原则的研究[J]. 外语教学与研究, 2014(5): 691-703.

[162] 王宏. 模糊语言及其语用功能[J]. 外语教学, 2003(2): 9-12.

[163] 王克非, 胡显耀. 汉语文学翻译中人称代词的显化和变异[J]. 中国外语, 2010(4): 16-21.

[164] 王力. 中国现代语法[M]. 北京: 商务印书馆, 1947.

[165] 王力. 中国语法理论(上册)[M]. 北京: 商务印书馆, 1944.

[166] 王牧群, 李相敏. 英语幽默话语的谬误和诡辩及其语用功能[J]. 外语学刊, 2007(5): 67-70.

[167] 王晓军, 林帅. 会话冲突中名词的语义认知机制及语用功能[J]. 中国外语, 2014(3): 26-33.

[168] 王心洁. 模糊语翻译试析 [J]. 外语与外语教学, 2005(3): 55-57.

[169] 魏本力. 情态动词的量值取向[J]. 外语学刊, 2005(4): 56-60.

[170] 吴磊. 关联理论在口译教学中的应用[J]. 常熟理工学院学报, 2006(1): 103-105.

[171] 吴群. 语义贯通, 语句变通——把握"人称"和"物称"的转换[J]. 中国翻译, 2002 (4): 84-87.

[172] 吴亚欣, 于国栋. 话语标记语的元语用分析[J]. 外语教学, 2003 (4): 16-19.

[173] 吴勇, 郑树棠. 论话语标记语WELL语用功能在英译汉中的再现[J]. 外语与外语教学, 2007(7): 47-52.

[174] 伍铁平. 模糊语言初探 [J]. 外国语, 1979(4): 39-44.

[175] 席建国, 郭小春. 评价性标记语探微[J]. 外语教学, 2008(1): 402-404.

[176] 谢梅丹. 目的论视域下的外事口译中中国特色词汇的英译研究——以"中国领导人的讲话"为语料分析[D]. 福建师范大学, 2013.

[177] 谢楠. 视听文本中话语标记语的语用功能及其汉译中的信息缺失现象[J]. 外语与外语教学, 2009(5): 56-59.

[178] 辛斌. 汉英新闻语篇中转述动词的比较分析——以《中国日报》和《纽约时报》为例[J]. 四川外语学院学报, 2008(5): 61-65.

[179] 徐畅贤. 英语模糊限制语的语用功能[J]. 外语教学, 2006(4): 37-39.

[180] 徐红新. 英汉构词法对比研究[D]. 山东大学, 2008.

[181] 许明武. 口译附加语的语用功能分析[J]. 外语与外语教学, 2009 (11): 1-7.

[182] 许明武, 白振洋. 科技英语新闻语篇中转述动词语用功能研究——以《时代周刊》为例[J]. 西安外国语大学学报, 2013(3): 31-34, 85.

[183] 闫怡恂. 话语标记语在同声传译顺译中的作用[J]. 辽宁工程技

大学学报(社会科学版),2009(4):402-404.

[184] 杨平. 英汉范围变动型模糊限制语对比研究[J]. 解放军外国语学院学报,2001(6):13-17.

[185] 杨跃,齐涛云. 关联理论与口译推理思维[J]. 外语教学,2008(5):91-93.

[186] 叶禹彤. 浅谈谈话节目语境生成的途径[J]. 电影评介,2012(16):88-89.

[187] 尹富林. 英语称谓语的语用功能比较与翻译[J]. 中国翻译,2003(3):26-28.

[188] 余玲丽. 特殊疑问句调核的语用功能探索[J]. 外语学刊,2004(6):48-52.

[189] 袁邦株,徐润英. 社会科学论文中转述动词的学术考察[J]. 求索,2008(12):79-81.

[190] 张楚楚. 论英语情态动词动力情态的主观性[J]. 山东外语教学,2007(2):58-66.

[191] 张楚楚. 英语情态动词道义情态的主观性[J]. 外国语,2007(5):23-30.

[192] 张军民. 基于语料库的英语学术语篇转述动词研究[J]. 河南师范大学学报(哲学社会科学版),2012(3):246-249.

[193] 张梅. 医学英语中模糊语的功能与翻译[J]. 中国科技翻译,2004(3):5-8.

[194] 张其帆. 中英交替传译之显化现象:案例分析[J]. 中国翻译,2009(5):77-81.

[195] 张易凡,许明武,张其帆. 基于语料库的人称指示语语用功能与口译策略研究[J]. 中国翻译,2015(5):104-109.

[196] 赵秋荣,梁茂成. 认识型情态动词may和might汉译强度变化研究[J]. 山东外语教学,2013(6):96-99,108.

[197] 赵世开. 第二章指称[A]. 载:赵世开. 汉英对比语法论集[C]. 上海:上海外语教育出版社,1999.

[198]赵世开.英汉人称代词对比研究[A].载：李瑞华.英汉语言文化对比研究[C].上海：上海外语教育出版社，1996.
[199]赵艳平.现代汉语词缀研究[D].河北大学，2014.
[200]甄凤超.学习者英语会话中的反馈语研究[J].解放军外国语学院学报，2010(3)：62-68.
[201]周红民.语用能力与口译[J].中国科技翻译，1999(2)：29-31.
[202]周凌，张绍杰.表达的明示性：汉语言文化特性的"面子"[J].外语教学，2013(3)：22-26.